KÖPFE DES XX · JAHRHUNDERTS

# Romano Guardini

Gerhard Mahr

COLLOQUIUM VERLAG BERLIN

KÖPFE DES XX · JAHRHUNDERTS
BAND 83

Eine Aufstellung aller bisher in dieser Reihe erschienenen Biographien finden Sie auf der letzten Seite dieses Bandes.



CIP-Kurztitelaufnahme der Deutschen Bibliothek

**Mahr, Gerhard**
Romano Guardini. – Berlin: Colloquium Verlag, 1976.
(Köpfe des XX. [zwanzigsten] Jahrhunderts; Bd. 83)
ISBN 3-7678-0406-9


Fotosatz: Hagedorn, Berlin
Druck: Color-Druck, Berlin
Einband: Schöneberger Buchbinderei, Berlin
Schrift: Monophoto Garamond
Das Einbandfoto stellte uns freundlicherweise der Verlag Matthias Grünewald zur Verfügung.
Printed in Germany

Für einen *konkreten Katholizismus*
gegen die Verharmloser des Geistes,
der Liebe und der personalistischen
Hoffnung –
dem wirklichen Lehrer,
meiner Mutter, zugeeignet.

# Romano Guardini – post mortem

Rede, daß ich Dich sehe ...
... doch eigentlich nichts als ein Zeigefinger
des verborgenen Menschen in uns ...

*J. G. Hamann*

„Auf das Werk und die Person Guardinis hat sich seit einigen Jahren ein dichtes Schweigen gelegt, das alle diejenigen überraschen muß, die in der Zeit vor dem Konzil die Ausstrahlungskraft dieses Theologen erlebt haben, der lange Zeit zu den berufensten Interpreten katholischen Denkens in Deutschland gehörte. Vergißt die Kirche so schnell einen Mann, dem sie Wesentliches für ihre eigene Erneuerung verdankt?"

Die Frage einer katholischen Wochenzeitung aus dem Jahre 1973 ist berechtigt: Romano Guardini ist weithin vergessen. Die Würdigungen zu seinem 80. Geburtstag deuteten es bereits an, die Nekrologe sprachen es offen aus, wenn auch in der Gewißheit, daß es „solch eine Gestalt nicht wieder geben kann".

Guardini selber begann gegen Ende seines Lebens zu vereinsamen. Walter Dirks berichtete davon: „Er war nicht davon abzubringen, daß sein Werk von der Zeit nicht aufgenommen sei. ‚Ich bin in die Hände der Fachleute gefallen.' Daß viele seiner Schriften weiterhin gekauft und gelesen werden, daß in einer gewissen Phasenverschiebung für andere Nationen neu und fruchtbar wird, was in Deutschland wenig mehr gilt, hat ihn nicht trösten können: Ihm kam es vor allem auf die Wahlheimat an und da nicht nur auf die ‚Frommen'. Er hoffte – und er sprach es aus –, seine eigentliche Zeit werde noch kommen ..."

Wann aber kommt die Zeit der großen einzelnen? Er hatte recht, sein riesiges Gesamtwerk war in die Hände von Fachleuten geraten und damit einer verhängnisvollen Selektion anheim gefallen: Die Theologen schieden das Philosophische, Literarische und Kulturkritische vom homogenen Ganzen ab und behielten einen Rest zurück, der wahrlich nicht zum Überleben reichte. Die Philosophen mieden das Theologische usw., wie es die Literaturwissenschaftler taten; die Pädagogen verfuhren nicht anders. Von dem, was Guardini wirklich war, blieb meist nichts „Wesentliches" übrig. Gewiß, er war „auch" Theologe, Philosoph, Pädagoge und in gewissem Sinne Literat – aber er war es eben nur „auch" und vor allem nicht vereinzelt: Er war eine eigene Realität mit eigenen Kategorien, eine Persönlichkeit im Sinne seines Personalismus, ein Christ im Sinne seiner Weltanschauung, ein Katholik von universaler Ansprechbarkeit, mit theologischen, philosophischen, pädagogischen Fragen, auf die er nur christliche Antworten wußte.

Die unvoreingenommene, laienhafte Auseinandersetzung mit seinem Werk wird zur erregenden Begegnung mit einer Persönlichkeit, die über die erste Hälfte des 20. Jahrhunderts hinaus mehr für das europäische Geistesleben gewesen ist als für die katholische Kirche allein. Mag sie ihn darum vergessen, mag sie ihn für altmodisch oder überholt halten; daß der Verleger des vorliegenden Bändchens Guardini nicht in seiner Reihe der „Köpfe des XX. Jahrhunderts" missen mochte, spricht für das Interesse von anderer Seite. In dieser Reihe steht er zwischen Gorki und Grass, zwischen Eliot und Jaspers, zwischen

Brecht und Kafka, Camus und Sartre und Beckett und Saint-Exupéry – hier gehört er her, in die Sammlung großer einzelner, ohne daß einer wie der andere wäre, austauschbar oder gar ersetzlich.

Aber was Guardini dem europäischen Geistesleben war, war er auch seiner Kirche (und dies läßt sich sinnerweiternd umkehren). Er war Christ und deshalb Humanist – daß er Priester wurde, ist nicht die Konsequenz aus dem ersteren, sondern seine persönliche Konkretisierung des letzteren, die Steigerung in praxi. Daß er Priester aus dieser Haltung wurde, hat den Gang seines Lebenswerkes entschieden. Am Anfang steht die Hinwendung zum „Konkret-Lebendigen" in seiner Philosophie vom Gegensatz. Sie steht am Anfang des Lebenswerkes wie am Beginn einer Bewegung, die erst Jahrzehnte später internationale Kreise ziehen sollte: die Bewegung des „konkreten Katholizismus", wie er seit Mounier und Maritain in Frankreich, wie er in Südamerika, in Spanien, im Libanon und seit den späten sechziger Jahren auch in Deutschland Auswege aus einer allgemeinen Glaubens- und Kirchenkrise weist.

Guardini hat das Konkrete noch während des ersten Weltkrieges in das katholische Denken eingeführt, er hat es mit den Philosophen der Jahrhundertwende in Europa und Amerika entdeckt und auf die Pädagogik seiner „Bildungslehre" übertragen. Die liturgische Erneuerung – ohne ihn undenkbar – ist am Konkreten gewachsen, wie sich später die massive Kulturkritik Guardinis an ihm entzündete. Wie notwendig dieser Blick auf das Konkrete des Menschen ist und wie wenig er eigentlich Schule gemacht hat, zeigte kürzlich noch das streithafte Buch Helmut Schelskys *Die Arbeit tun die anderen* (1975). Da wiederholt Schelsky, was Guardini sein Leben lang – ab 1905 – immer und immer wieder der Kultur vorgehalten hat, daß sie nämlich Wirklichkeit nur noch als Ableitung von Wirklichkeit, als Abstraktion erfährt oder, wie Schelsky es formuliert, soziale Wirklichkeit nur noch als eine „Gesellschaft im Kopf". Dem hatte der junge Guardini seinen ganzen Kampf angesagt, und er schickte unermüdlich immer neue geistige Geschütze an die Front – und er scheute nicht davor zurück, die Katholiken in diesem Sinne zu mobilisieren, was freilich nur wenig gelang. „Wir schulden Gott die Welt", hielt er ihnen vor, und wäre ihm breiter Erfolg beschieden gewesen, so stünden die Christen – das Wort katholisch strich er mehr und mehr aus seinen Schriften – heute als unüberwindbare humanistische Front gegen totale Vermassung und Beherrschbarkeit der „Person", des einzelnen durch Organisationen und Ideologien, durch psychotechnisch gesteuerte, hochentwickelte Manipulationsapparate. Im großen und ganzen blieb Guardini ein genialer General ohne Armee – den einen war er zu weltlich, den anderen zu katholisch. Dritte fanden, seine Schriften seien „ästhetisierend", noch andere meinten, seine Sprache sei inzwischen unmodern geworden. Beides ist so wahr, wie es unwichtig ist, und zählt vielleicht bei Literaturwissenschaftlern primär – überall sonst aber sollte als ein großer Glücksfall begrüßt werden, daß hier jemand über Geistliches, Geistiges fachlich fundiert und dennoch sprachlich schön zu schreiben verstand. Es ändert nichts an den bitternotwendigen Inhalten.

Seine personale Pädagogik ist gewiß dem ständig wachsenden und sich wandelnden Begriffsapparat der modernen Erziehungswissenschaft nicht gewachsen, ja sie entzieht sich ihm völlig in ihrer klaren und elementaren Frageweise; die pädagogische Praxis in diesem Lande aber liegt noch weit hinter der „Bildungslehre“ Guardinis zurück und ist, an ihren Maßstäben gemessen, geradezu skandalös – was auch die komplizierteste Nomenklatur nicht kaschieren kann.

Seine großen Monographien – groß auch in sprachlicher Hinsicht – stehen weiterhin einsam, aber durchaus überzeugend in der Flut schöngeistiger Sach- und Interpretationsliteratur: Sie erweiterten die gängige Deutung der historischen Literaturwissenschaft um wertvolle außerliterarische Kriterien und verschafften Zugänge, die bis dahin verschüttet waren. Aber noch eines macht sie wertvoll: Mit ihnen erweiterte Guardini die katholischen Bildungsgrenzen um Beträchtliches und tat, was auf protestantischer Seite von jeher geleistet wurde: Er nahm als Mann der Kirche den Dialog mit der Welt und deren Zeugnissen in aller Öffentlichkeit auf. Wo sind sonst katholische Seelsorger in der Literatur antreffbar? Wo trifft man sie überhaupt im deutschen Geistesleben?

Guardini hat dem Katholizismus Wege zur Welt (für die Welt, die das nicht geringschätzen sollte) gewiesen und geebnet; er hat der Welt einen Katholizismus versprochen, der geistiger Partner in Koexistenz ist. Wenn ein solcher Katholizismus bis heute aussteht, so ist es nicht seine Schuld. Er war für die Strecke eines halben Jahrhunderts, am Ende der Neuzeit, der Vertreter eines solchen Katholizismus. Sein Tod am 1. Oktober 1968 hat gezeigt, daß es diesen Katholizismus noch gar nicht gab, daß es nur einzelne waren, die ihn praktizierten.

Zusammengenommen scheint dies alles die Vermutung, daß Guardinis Zeit noch kommt – als Philosoph, Pädagoge, Schriftsteller und Kulturkritiker –, zu bestätigen. Als Christ aber, als Persönlichkeit, als Humanist und Priester steht er in der Reihe jener großen einzelnen, denen jede Zeit mehr abgewinnt als in ihr Bewußtsein dringt: im Ganzen wie durch die zeitlose Wirkung in deren personaler Tiefe, die immer vereinzelt bleibt.

# Entscheidung für Europa

Romano Guardini war Italiener. Seine Eltern waren „leidenschaftliche Patrioten“, der Vater ein geistiger Anhänger der Schule Benso di Cavours (1810–1861), jenes Politikers, der es verstanden hatte, dem „Risorgimento“, der Bewegung um die „Wiedererstehung“ der italienischen Einheit im letzten Jahrhundert, übernationale, europäische Ziele zu setzen.
Wenige Monate nach der Geburt des Sohnes am 17. Februar 1885 in Verona zog die Familie nach Mainz, wo der junge Guardini zweisprachig erzogen wurde und die zum Studium vorbereitenden Schulen besuchte.
Guardini blieb Italiener noch, als und obwohl er während des Studiums die deutsche Staatsangehörigkeit erwarb; er blieb beides, fand aber im Nationalitätenstreit „jene Realität, deren Name heute in aller Munde ist, von der man aber damals kaum sprach: das Faktum ‚Europa‘. Ich erkannte es als die Basis, auf der ich alleine existieren könne. Meine Bildung und Lebensvorstellungen waren deutsch; ja ich dachte deutsch, denn man denkt ja in einer Sprache. Auf der anderen Seite war aber die Verbindung mit Italien immer lebendig, für meine Eltern war es die Heimat, also das Land, in welchem ihrer Meinung nach ihr Sohn leben und arbeiten sollte . . . so bedeutete es für mich die Möglichkeit einer anständigen Lösung des Konflikts, als mir die europäische Idee aufging. Ich habe den Schritt nach Deutschland hin im Bewußtsein getan, Europäer zu sein“.

Daß ein solcher Schritt mehr als ungewöhnlich war und weder von der politischen Atmosphäre noch vom Zeitgeist der Vorkriegsjahre begünstigt wurde, ja daß die Entscheidung zu Europa im schroffen Gegensatz zur beherrschenden Meinung der Wilhelminischen Epoche stand, bewies mit furchtbaren Folgen die Massenbegeisterung beim Ausbruch des ersten Weltkrieges: Deutschnational dachte jeder, mit beschämend wenigen Ausnahmen auch die, die es hätten besser wissen können. Die „Europäer", denen der neue Krieg ein Bürgerkrieg war, blieben mit ihren Appellen an die Vernunft, an die Humanität einsam, aber von allen Seiten beschimpft in der politischen Landschaft zurück.

Gegen Ende seines Lebens, bei der Verleihung des „Praemium Erasmianum", des Erasmuspreises 1962 in Brüssel, kam Guardini in seiner Dankrede rückblickend noch einmal auf seine frühe Entscheidung für Europa zu sprechen. Die Verleihung des angesehenen Preises, der im darauffolgenden Jahr seinem geistigen Bruder aus dem Judentum, Martin Buber, zuteil wurde, verstand Guardini in der Hauptsache als europäische Bestätigung seiner übernationalen Entscheidung, deren Bedeutung und Tragweite er in seiner Rede zusammenfaßte: "‚Europa' ist etwas Politisches, Wirtschaftliches, Technisches – vor allem aber eine Gesinnung. Dem Werden dieser Gesinnung stehen starke Hindernisse im Wege. In der primitiven Mentalität – die aber bis in unsere ganze Gegenwart hineinwirkt – gilt die Formel: Das Andere, Fremde ist das Verkehrte, das Bedrohliche, ja das Feindliche. Diese kulturpsychologische Formel hat staatstheoretische Anwendung erfahren: Danach ist der Staat jenes Gebilde, das Feinde haben kann. Auch Freunde; vor allem aber Feinde. Die Formel erinnert uns daran, wie stark die Widerstände gegen solche Vorgänge wie die Bildung einer echten europäischen Gesinnung sind, und wieviel noch geschehen muß."

Europa als Gesinnung, als „Antwort auf eine höchst persönliche Frage", als Lösung des Konflikts zwischen romanischer Herkunft und deutscher Bildung – darin, in dieser Entscheidung des jungen Guardini, ist bereits vollgültig jene Struktur angelegt und praktiziert, die für sein ganzes Werk, für sein Leben bestimmend wurde: die Entwicklung geistiger Realitäten aus den praktischen Gegensätzen heraus, „concord in conflict", die höhere Eintracht des Gegensätzlichen in der praktischen Konsequenz der Person. Dem Konflikt um die Nationalität, der Entscheidung für Europa gingen der Konflikt um die angemessene Berufswahl, die Entscheidung zum Christlichen, zur Nachfolge Christi voraus.

## Beruf und Berufung

Daß Romano Guardini katholischer Priester wurde, ist nicht so selbstverständlich, wie es oberflächlich scheinen mag. Wie im Falle der europäischen Entscheidung waren auch der Entscheidung zum Priestertum die äußeren Umstände eher hinderlich als begünstigend, zumal auch die innere Vielfalt seiner Interessen andere Möglichkeiten wies.

So nahm er nach dem Abitur im Jahre 1903 in Tübingen ein naturwissenschaftliches Studium auf – und scheiterte.

Ein zweiter Versuch in München – diesmal begann er bei Lujo Brentano Nationalökonomie zu studieren – wurde ebenfalls nach kurzer Zeit aufgegeben, und es ist durchaus denkbar, daß beide Versuche von Anfang an nur mit halbem Ernst unternommen wurden, gewissermaßen als „Ausflucht“ vor der geistlichen Berufung in einen weltlichen Beruf, was leicht verständlich wird, wenn man sich die kirchengeschichtliche Situation des Katholizismus vor dem ersten Weltkrieg vergegenwärtigt.

Zum Zeitpunkt der Entscheidung hatte die institutionelle Kirche der Katholiken nicht nur für einen Studenten wie Romano Guardini, sondern für jeden kritischen und emanzipatorischen Geist alle Attraktivität verloren. Mochte sie vielleicht im sozialen Gefüge breiter Schichten noch intakt sein, so war sie doch theologisch, politisch und kulturell in eine Krise geraten, die alle Kennzeichen des Abbruches, aber kaum eines für einen neuen Aufbruch trug.

Nach außen stellte sich die katholische Kirche als ein völlig entleerter Verwaltungsapparat dar, der sich jedem geistigen Fortschritt in den Weg wälzte und in seiner weltlich-kulturellen Autorität vergangener Jahrhunderte bis zur Bedeutungslosigkeit zusammengeschrumpft war. (In Frankreich siegten die Antiklerikalisten auf ganzer Linie und brachten zum 1. Januar 1906 das Gesetz über die totale Trennung zwischen Kirche und Staat durch.) Von innen her gesehen war die katholische Kirche nicht weniger deutlich auf abschüssigen Wegen: Die Verurteilung des sogenannten Modernismus durch das Dekret „Lamentabili" und die Enzyklika „Pascendi" (1907) diffamierten mit einem Schlage alle fortschrittlich gesinnten Theologen, machten ihnen eine zeitgemäße Öffentlichkeitsarbeit ganz unmöglich, spalteten die Gemeinschaft in zahllose Gesinnungsgruppen und verursachten auf diese Weise eine der schwersten Krisen ihrer Geschichte überhaupt.

Sie wurde noch erheblich verschärft, als Pius X. 1910 zur Überwachung der theologischen Lehrer den (erst 1967 abgeschafften) „Antimodernisteneid" für jeden mit Seelsorge oder Lehrtätigkeit betrauten Priester einführte. Da gab es plötzlich anonyme und öffentliche Anklagen gegen Männer noch der lautersten kirchlichen Gesinnung, da wurden Exkommunikationen ausgesprochen und mit größter Peinlichkeit Mißtrauenserklärungen verbreitet – die Stimmung innerkirchlich war erdrückend bis verletzend und wäre auf Dauer tödlich geworden; oder, wie Helmut Kuhn es in seinem gewichtigen Guardini-Buch formuliert hat: „Nicht nur war die Temperatur bis nahe

an den Nullpunkt gesunken – es schien überdies, als sollten die Funken neuer Glut ausgetreten werden."
Daß nichts von dieser Situation den Blicken eines sich entscheidenden Studenten vom Format Guardinis verborgen blieb, ist gewiß; daß dem noch nicht Zwanzigjährigen angesichts des Bildes, das die Kirche bot, Zweifel an seiner Berufung kamen und er zuerst in einem weltlichen Beruf seine Selbstverwirklichung suchte, liegt zumindest sehr nahe; daß er dennoch 1905 in Freiburg bei Karl Braig, Engelbert Krebs und Emil Göller katholische Theologie zu studieren begann, in Tübingen das Studium bei Wilhelm Koch fortsetzte und 1910 in Mainz die Priesterweihe empfing, zeugt nicht nur von der großen Ernsthaftigkeit des damals immerhin erst Fünfundzwanzigjährigen, sondern kann heute auch – mit Blick auf sein umfangreiches philosophisches, theologisches, kulturkritisches, literarisches und pädagogisches Lebenswerk – als individuelle Herausforderung gewertet werden. Eine Herausforderung, die zwölf Jahre später in epochemachender Formulierung das eigentlich Selbstverständlichste im Glauben und Anspruch der Kirche als Mangel in der Welt offen konstatierte, als neue Hoffnung am Horizont aber bereits wieder aufleuchten ließ: „Die Kirche erwacht in den Seelen", verkündete Romano Guardini 1922, und wenn heute dieser Satz in keiner Kirchengeschichte jener Zeit fehlt, so bleibt doch die Vermutung, daß er mehr ein notwendiger Appell Guardinis als eine wirklich zutreffende Feststellung war, ein auf diese Formel gebrachtes Programm, das er seit seiner Weihe selber zu verwirklichen begonnen hatte. Sein Bestreben, die „Kirche in uns" zu wecken, war es gewiß, und es war dies die persönliche Antwort auf die Realität jener Kirche, die

ihm die „Entscheidung zur Kirche“ doppelt schwergemacht haben dürfte.
Man muß nicht Priester werden, um ein christliches Leben führen zu können, nicht Abgeordneter, um Staatsbürger zu sein – wer sich aber in der Verantwortung seiner Erkenntnisse wiederfindet, wird in der Konsequenz seiner Eigengesetzlichkeit wirksam oder versagt. Romano Guardini ist das personale Beispiel für eine solche Konsequenz im deutschen Katholizismus des 20. Jahrhunderts, wie Albert Schweitzer es für den Protestantismus, wie Martin Buber es für das Judentum ist.
Ihre Konsequenz hat sie eng an ihre jeweilige Religionsgemeinschaft gebunden – aber sie hat sie auch, mehr als andere, weit darüber hinaus in die „Welt“, ins Leben außerhalb ihres Glaubenskreises geführt. Sie waren „Denker im Glauben“ und haben den Glauben neu ins moderne Denken eingebracht, jeder auf der Basis seiner eigenen Religion, alle auf dem Wege zum gleichen Ziel: zu einer Welt, die besser ist als die, die sie vorfanden, von der sie ausgingen, die sich ankündigte. Keiner von ihnen hat die Welt im Sinne ihrer Religionen missioniert, eher muß man sagen, daß alle drei ihre Religionsgemeinschaften für die Welt missioniert haben – in der „Sorge um den Menschen“. In dieser Sorge, in dieser Konsequenz muß Guardinis Entscheidung zum Priesterberuf gesehen werden, eine Entscheidung, die ebensosehr für die katholische Kirche wie für das Geistesleben zumindest im deutschsprachigen Raum von unschätzbarem Wert ist.
Wie wenig der Schritt in die Kirche für Romano Guardini ein Schritt ins katholische Getto war, wie eng sich ihm von Anfang an Glauben und Denken verknüpften, zeigt die Tatsache, daß er unmittelbar nach seiner Immatrikula-

tion an der Theologischen Fakultät mit der Entwicklung seines philosophischen Hauptwerkes begann, einer Philosophie, die ganz von der „Sorge um den Menschen" getragen und geprägt wurde und als ein deutschkatholischer Beitrag von bisher meist unterschätztem Gewicht zu einer weltweiten philosophischen und theologischen Parallelentwicklung gesehen werden muß, als ein Beitrag zum „neuen Denken" (F. Rosenzweig) des 20. Jahrhunderts. Dieses neue Denken hatte sich an der allgemeinen Situation des Menschen und dem Versagen der „Professorenphilosophie der Philosophieprofessoren" (Schopenhauer) vor den praktischen Realitäten des Lebens entzündet. Die Wende vom 19. zum 20. Jahrhundert brachte die Wende vom Lebensgefühl der Fülle zum Lebensgefühl der Leere für den Menschen im allgemeinen. Metaphysische Heimatlosigkeit trat angesichts der zerfallenden Werte der Religion und Kultur an die Stelle bürgerlicher Geborgenheit; alle Zukunft drohte im Chaos der Gegenwart zu ersticken. Die Lebensformen platzten auseinander; das Leben selbst wurde haltlos im erschreckendsten Sinne des Wortes – und das nicht nur vereinzelt, für ein paar Individuen, sondern total und, wie es scheint, permanent über das ganze neue Jahrhundert hinweg. Es brachte die Wende ins Trostlose mit dem Zerfall der Werte, denen Trost innewohnte und die an einer Geschichte zerbrachen, die längst auf sie verzichtet hatte. Es gab Kriege – totale –, und selbst das „Nie wieder", das ihnen folgte, war ohne Wert. Verlust, Entfremdung, Entsetzen – die Begriffe fassen die über das Leben gekommenen neuen Realitäten nicht – sie deuten nur eben an. Die konkrete menschliche Situation war unfaßbar geworden, unaussprechlich, hoffnungslos. Das Denken, bereits verakademisiert im Jahrhundert der Vernunft, hatte sich ins Abstrakte zurückgezogen, war nicht ansprechbar, war vor dem Menschen emigriert. Das Konkrete, Alltägliche blieb vor der wissenschaftlichen Mauer autonomen Selbstverständnisses stehen und drang zu keiner brauchbaren, helfenden Erkenntnis durch. Die Philosophie laborierte ins Menschenlose um ein Abstractum herum, das sie Mensch nannte, ohne vom Leben etwas wissen zu wollen. Das Denken beschäftigte sie sehr, der Denker dagegen überhaupt nicht. In diesen Zustand trat das „neue Denken", die Hinwendung zur Erfahrung des Konkreten, eine Philosophie des Lebens, gegen Ende des letzten Jahrhunderts als internationales Phänomen, nachdem vereinzelte Denker des 18. und des 19. Jahrhunderts wichtige Anstöße dazu gegeben hatten.

Das „neue Denken" suchte mit neuen Fragen und Antworten der um sich greifenden Ent-Wertung des konkreten Seins, des antreffbaren, ansprechbaren Menschen entgegenzuwirken, alte Werte zu erneuern oder neu ins Bewußtsein zu holen und neue Werte in und für die neue Situation zu finden und zu schaffen.

In Amerika führte, nach Charles S. Peirce (1839–1914), der „Pragmatismus" als „angelsächsische Reaktion gegen den Intellektualismus und Rationalismus des lateinischen..." und – wie man hinzufügen muß – vor allem des deutschen nach-hegelianischen Geistes das philosophische Denken auf das Leben selber zurück; in Frankreich waren es H. Bergson (1859–1941), Charles Pèguy (1873–1914) und ihre Nachfolger, in Deutschland Georg Simmel (1858–1918), Wilhelm Dilthey (1883–1911) und ihre Nachfolger, die hier unter den Begriffen Empiriker, Phänomenalisten, Nominalisten und Existentialisten zusammengefaßt werden müssen. Sie alle – in den unterschiedlichsten Schulen – waren bemüht, „das aus dem ‚Jahrhundert der Vernunft‘ (dem 18.) hervorgegangene ‚Jahrhundert der Natur‘ (dem 19.) hinüberzuleiten in das ‚Jahrhundert des Lebens‘, wobei der Begriff ‚Leben‘ sich um die Mitte des 20. Jahrhunderts in ‚Existenz‘ gewandelt hat“ (K. Pfannkuch).

Doch ähnlich wie Schweitzer und Buber ist Romano Guardini keiner der philosophischen Richtungen zuzuordnen. Wie sie ist er zwar ein existentieller Denker, aber kein Existentialist, ebenso wenig, wie seine Philosophie des Lebens ausschließlich Lebensphilosophie im Sinne der Jahrhundertwende ist – es gibt große Gemeinsamkeiten mit all diesen Richtungen in seinem Werk, aber es gibt auch große, bedeutsame Eigenständigkeiten. Sieht man freilich von spezifischen Ausformungen ab und sieht man alle Vertreter des „neuen Denkens“ als Künder eines konkreten Humanismus, so gehört Romano Guardini mit seiner „Philosophie des Lebendig-Konkreten“ in ihre Mitte. Als Student wuchs er in die geistige Atmosphäre des sich bildenden konkreten Humanismus hinein, ging wie dessen Vertreter alle „von der Faktizität des Daseins“ aus, wandte sich damit radikal „von der Bewußtseinsmetaphysik des deutschen Idealismus ab, ohne dem Positivismus zu verfallen“ (Löwith), und gab als Pädagoge und Schriftsteller so dem deutschsprachigen Katholizismus Impulse zu einer Hinwendung zur konkreten Existenz, wie sie wirksam erst in den sechziger Jahren in Deutschland vollzogen wurde, wie sie in Frankreich aber bereits Jahrzehnte früher mit außerordentlicher Vehemenz Männer wie J. Maritain (1882–1973) und E. Mounier (1905–1950) vertraten.

In deren geistiger Umgebung ist auch Romano Guardini zu sehen, obwohl er nichts mit der Radikalität ihrer Forderungen, nichts mit der Leidenschaft ihres literarischen Stils gemeinsam hatte – aber sie hatten verwandte Ziele, und was sie in ihrer Bedeutung verbindet, ist, daß sie am Anfang einer großen geistigen, katholischen Besinnung und Bewegung standen, die in unseren Tagen auch auf Spanien, Südamerika, den Libanon und andere Länder übergegangen ist: der Bewegung des konkreten Katholizismus.

## Der Gegensatz

Noch vor den ersten entscheidenden Werken Maritains und Mouniers in Frankreich erschien – nicht von ungefähr bereits während des Krieges – 1917 die erste Fassung von Guardinis „Philosophie des Lebendig-Konkreten" unter dem Titel *Gegensatz und Gegensätze*, ohne jedoch öffentliche Resonanz zu finden. Erst die zweite, stark erweiterte und nun einfach *Der Gegensatz* genannte Ausgabe von 1925 wurde – wenn auch wenig angemessen – vereinzelt beachtet. Maria Schlüter-Hermkes schrieb damals im *Hochland*, der großen Zeitschrift Carl Muths: „Die Gegensatzlehre ist ein Beitrag zur philosophia perennis. Gleichzeitig erschließt sie eine Denkform und bringt eine weltanschauliche Erkenntnishaltung zu neuer Anschauung, die dem Suchen gerade unserer Tage den Weg weisen."

Das trifft die Absicht der Veröffentlichung völlig und erklärt nachträglich auch die noch unausgereifte Erstfassung während des Krieges: Guardini wollte helfen, konkret und praktisch helfen mit seiner Gegensatzlehre wie mit all seinen späteren Schriften: Mit-Suche, Mit-Frage waren sein wichtigstes Anliegen, das alle literarische Mitteilung begründet und ihn vom sich mitteilenden Literaten unterscheidet. Sein Lebensbewußtsein und -gefühl war das der Koexistenz, von der er sich in Verantwortung genommen wußte. Sein Werk steht, im einzelnen wie als Ganzes, in ihr als sein Beitrag zum Gespräch, als dialogische Frage und Antwort zu neuen Fragen, als Bekenntnis und Forderung, als Botschaft und Anruf, als Kritik und Zuspruch, offen und beweglich, wie es echte Gespräche sind, getragen fast mehr vom Zuhören als vom Selber-Reden. So enthält auch sein erstes Buch weniger die Darstellung einer starren Lehre als vielmehr „nur die Skizze einer Idee", wie er selber in der Vorbemerkung dazu schrieb: „Die Arbeit nennt sich mit Bewußtsein einen ‚Versuch'; alles darin ist noch erster Bau. Thesen und Lösungen sind sicher vielfacher Verbesserung bedürftig." Als es 1955 in zweiter Auflage der Ausgabe von 1925 wieder erschien, schrieb Guardini in der neuen Vorbemerkung: „Es war nicht viel mehr als eine Jugendarbeit ... Ich bitte also den Leser, nicht vergessen zu wollen, aus welcher Zeit es stammt – füge aber hinzu, daß mir seine Grundgedanken, nachdem ich sie inzwischen an vielen Einzelproblemen erprobt habe, nach wie vor richtig scheinen."

Es sind die Grundgedanken, aus denen sich sein komplexes praktisches und theoretisches Lebenswerk aufgebaut hat, auf die jedes einzelne seiner Werke im letzten zurückzuführen ist; viel mehr also als eine Jugendarbeit, eine Lebensarbeit in jeder Hinsicht. Bis zu ihrer endgültigen Formulierung vergingen genau zwanzig Jahre: „Im Winter 1905 haben wir [Guardini und sein frühverstorbener Freund Karl Neundörfer] angefangen, diesen Fragen nachzugehen. Von da an sind die Gedanken gewachsen. Im Jahre 1912 habe ich das Ganze zu formen gesucht; alles Wesentliche lag bereit. Dann blieben die Aufzeichnungen liegen. In einer Reihe von Einzelarbeiten wurden die Gedanken erprobt." Eine lebendig gewachsene Arbeit also, aus biographischen Konstellationen erwachsen, sich im orientierenden, festigenden Leben gestaltend, in der geistigen und praktischen Entfaltung verwirklichend: das war die Gegensatzlehre für Romano Guardini. Für seine kulturelle und religiöse Umwelt bedeutet sie einen der frühesten Ansätze zum konkreten Katholizismus, der vier Jahrzehnte später den einzig sichtbaren Ausweg aus einer Glaubens- und Kirchenkrise weisen wird, ohne daß jetzt schon gesagt werden könnte, wie das Ergebnis aussehen wird, da wir heute mitten in dieser Krise stehen.

Romano Guardinis Konzeption des Konkreten hat in Selbst-Erfahrung ihren Ansatz. Was finden wir, so fragt er gleich im ersten Satz seines Buches, „wenn wir auf uns, in uns schauen?" Die Antwort sammelt das Wahrnehmbare bis zu der Feststellung, daß der Mensch sich „selbst nicht als einen Fetzen Dasein erfahre, sondern als von innen heraus gebautes Ganzes; nicht als zufälliges Anschwemmsel von Eigenschaften, sondern als eigenwesenhafte Gestalt". Das heißt, der Mensch erfährt sich selbst als Konkretes, „und dieses Konkrete steht in sich; von außen nach innen, von innen nach außen; baut sich selbst auf, und wirkt aus eigenem Ursprung heraus. Das bedeutet: es ist lebendig".

Aber läßt sich das „Konkret-Lebendige" erkenntnismäßig fassen? Mit Begriffen, und nur in ihnen, vollzieht sich ja wissenschaftliches Erkennen, kann es nicht gefaßt werden, richten sie sich doch „wesensgemäß auf das Rein-Allgemeine, Abstracte, Formale". Ihnen bleibt „das Lebendige selbst, als solches, unzugänglich", wie bereits das rationalistisch-mechanische Denken der Neuzeit bewiesen hatte. Auch der irrationale Intuitionismus, wie er als Reaktion auf den Rationalismus auftrat und besonders bei Bergson, Scheler und Hartmann formuliert wurde, kann der Komplexität des Konkret-Lebendigen nicht gerecht werden. Außerdem wäre jeder Verzicht auf Begrifflichkeit bare Unwissenschaftlichkeit. Die Frage ist schwierig, aber nicht unbeantwortbar. Eine Antwort hat der zu Unrecht vergessene Adam Müller in seinem programmatischen Fragment zur Romantik über *Die Lehre vom Gegensatze* genau ein Jahrhundert vor Guardinis Fragen gegeben: „Der Mensch kann nicht mehr fühlen, als er denkt, nicht mehr denken, als er fühlt: der bloß fühlende Fühler, der bloß denkende Denker ist der absolute Tod, das nihil irrepräsentabile bei Kant."

So sagt auch Guardini: „Alle Einseitigkeit zerstört die Spannung." Erkennen des Lebendigen muß lebendiges Erkennen sein, muß rational und – wie alles Lebendige – auch überrational sein, die Komplexität des Lebendigen umfassen und nicht sie künstlich auflösen wollen, muß selber von der Struktur des Lebendigen getragen sein, und die ist, wofür Guardini die Nachweise bringt, gegensätzlich. Erkenntnistheoretisch bedeutet das, Begriff und Intuition gleichermaßen in den Erkenntnisprozeß einzubeziehen, nichts vom Wesen der Intuition anzutasten, ihr aber mit wissenschaftlich geschärftem Begriff die Wege vorzuschreiben und so Begriff und Intuition auf ein letztes Eigentliches zu beziehen, oder, anders ausgedrückt: Der Erkenntnisakt ist „Intuition durch ein Höchstmaß von Begriffskraft geformt". Diesen Akt, in dem sich intuitives und begriffliches Erkennen in höchster Spannung vollziehen, nennt Guardini „Anschauung", und er ergänzt damit die phänomenologische Wesensschau, wie sie oft einerseits zur bloßen Intuition wurde, andererseits ihre Betrachtung auf das reine, von aller konkreten Ausformung der Existenz und ihrer Geschichtlichkeit abgelöste Wesen reduzierte, wesentlich um die dialektische Struktur der Erkenntnis – weshalb man mit Recht seine Philosophie eine „dialektische Phänomenologie" genannt hat.

Von hier aus nun entwickelt Guardini ein „Begriffsgefüge besonderer Art", mit dem er dem vom Gegensätzlichen getragenen Konkreten näher kommt.

„Im Laufe langer Jahre haben sich mir aus Einzelbeobachtung und Überlegung eine Anzahl letzter Gegensätze ergeben. Viele Rückproben aus verschiedenen Gebieten menschlicher Selbsterfahrung scheinen zu bestätigen, daß es sich hier wirklich um die Grundgegensätze des Menschlich-Lebendigen handelt." Er bringt sie in ein System und unterscheidet danach drei Gegensatzgruppen: die intraempirischen, die transempirischen und die transzendentalen Gegensätze.

„Die intraempirischen Gegensätze liegen innerhalb des Erfahrungsbereiches" und umfassen Dynamik und Statik des Lebens, Fülle und Form, Einzelheit und Ganzheit, wie sie jeder an sich erfahren kann. Weder ist das Leben nur Akt und Geschehen, Strom und Wandel, Werden und Vergehen, noch ausschließlich Gestalt und Struktur, Bau und Stand, Dauer und Ruhe – es ist immer beides zugleich: „das Strömen in der Dauer, wie das Bleibende im Wandel, der Stand im Akt wie das Wirken in der Festigkeit". „Das Leben erfährt sich als etwas, das sowohl eines wie das andere in sich schließt. Als eine Wesenheit, als einen Vorgang, der eines sein muß und das andere zugleich. Das Leben ist wesentlich paradox. Diese Tatsache, daß Statik und Dynamik so zueinander stehen, daß jedes seinem ersten Wesenssinne nach sich vom anderen wegbewegt, das andere ausschließt, und doch in die

Unmöglichkeit gerät, wenn es jenes andere nicht in sich selbst anerkennt, aufkommen läßt; diese Tatsache wechselseitiger Ausschließung und Einschließung zugleich ist der Gegensatz." Und Guardini wiederholt es: „Zwei Momente, deren jedes unableitbar, unüberführbar, unvermischbar in sich steht, doch unablöslich miteinander verbunden sind; ja gedacht nur werden können an und durch einander: das ist Gegensatz." Wie man ihn weiter erfahren kann als Fülle und Form, als Einzelheit und Ganzheit, das heißt als Glied und Gestalt, als Besonderes und Allgemeines.

„Damit sind die ersten drei Gegensätze gekennzeichnet. Und zwar mit dem Anspruch, daß sie die einzigen (intraempirischen) seien. Weder habe ich sie aufeinander zurückführen können, noch andere gefunden, die nicht in ihnen aufgingen."

Ehe nun Romano Guardini zur zweiten Gruppe, den transempirischen Gegensätzen, kommt, beleuchtet er kurz den „Begriff des Innern", wobei er sich im wesentlichen auf die „Philosophie des Organischen" und die darin entwickelte „Theorie der Entelechie" des Philosophen und Biologen Hans Driesch (1867–1941) stützt, bei dem, am Rande bemerkt, auch J. Maritain in Heidelberg studiert hatte. Dabei faßt Guardini den psychischen Bereich als Ganzen dem körperlichen gegenüber als Innerlichkeit auf. „Der Bestand unseres lebendigen Seins ist von innen nach außen bzw. von außen nach innen geschichtet. Der Begriff der seelischen Tiefe ist ohne weiteres deutlich."

Wie verhält sich aber der „Innenpunkt des Lebendigen" zum Erfahrbaren? Wie geht dieses auf ihn zurück? Wie kommt er im Erfahrbaren zur Geltung? Auch hier findet sich paradoxe Struktur: „Das Verhältnis des Erfahrbarkeitsbereiches zum Innenpunkt ist ebenfalls enantiologisch", das heißt, sich ein- und ausschließend, bestimmt, wie die Gegensätze innerhalb des Erfahrungsbereiches. Die neuen Gegensätze, die sich in diesem Verhältnis entfalten, nennt Guardini transempirisch. Sie werden in den Gegensatzpaaren Produktion und Disposition, Ursprünglichkeit und Regel, Immanenz und Transzendenz zusammengefaßt.

„Das Leben erfährt das Verhältnis vom Innen zum Außen als einen Vorgang der Produktion" – im freien, menschlichen Schaffen. „Gedanken, Bilder, Taten, Werke entstehen so, daß ihr Urheber weiß, sie steigen aus seinem Innern empor. Kein Ordnen vorhandenen Materials also, sondern ein Hervorbringen von Neuem. Die Ergebnisse solchen Hervorbringens: Gedanke, Gestalt, Tat, tragen den Charakter des Neuen. Sie waren ‚noch nicht da'; sind aus Vorhandenem nicht abzuleiten. Ein Ursprung ist tätig geworden. Sie stehen mit einer Ursprünglichkeit da, wie noch nicht gekannte Dinge der Natur. Das ganze Leben sammelt sich in solches Schaffen. Es ist ein inneres Empfangen, Wachsen und Gebären, das alles in Anspruch nimmt. Jedes Lebendige, Sein, oder Werk, oder Tat, ist zuletzt ein Neues. Es verwirklicht nicht ein vorliegendes Schema, sondern stellt noch nicht gewesenes hin. Jedes Leben ist nur einmal. Leben heißt Schaffen."

Aber jedes Schaffen, jede Produktion ist nicht nur Ergebnis von Fülle, sondern im wesentlichen auch geprägt durch schöpferische, schaffende Disziplin. Psychotechnische Selbstmeisterung, wissenschaftliche Methode, künstlerische Strenge: Formen der Disposition, ohne die keine Produktion denkbar wäre.

Ähnlich ist es mit dem Gegensatz von Ursprünglichkeit

und Regel. Künstlerisches Schaffen etwa ist ursprünglich, nicht einkalkulierbar, läßt sich nicht nach Belieben hervorbringen oder abdrängen: Es setzt sich selber, ohne Regel – ist ursprünglich, wie das Leben selber. Andererseits schafft sich das Leben Ordnung und hält sie, findet Eigenregel, setzt sich selber Gesetze: „Leben bedeutet Kraft zur Konsequenz."

Der dritte und letzte der transempirischen Gegensätze wird in der Selbsterfahrung deutlich, daß Leben „sich selber innewohnt", innerlich ist, ja, je innerlicher, um so lebendiger ist. Es kann „die ganze Weite des eigenen Seinsbereiches durchwohnen; sich gleichsam innerhalb seiner selbst ausdehnen", und es kann „sich auf einen Punkt zusammenziehen: in eine schmerzende Wunde, in eine große Freude, in eine starke Erinnerung. Immer ist es Innen. In dieser Innerlichkeit fühlt sich das Leben geborgen. Auf diesem Innensein beruht der Selbstbesitz des Lebens; je tiefer es geht, desto voller gehört das Leben sich selbst."

Es hat ein eigenes, geheimnisvolles Zentrum, auf das sich alles Geschehen hinrichtet, aus dem her sich die Gestalt baut und ordnet. „Jeder hat seine Mysterien, lieber Hyperion", läßt Hölderlin seinen Alabanda sagen – er hat es gewußt. Die Mitte, das personale Zentrum, ist die Urmöglichkeit der personalen Harmonie, „hier entspringt, wenn man so sagen darf, die kontemplative Haltung des Lebens, darin es sich inne steht, seiner selbst mächtig, ruhevoll auch in der stärksten Spannung und im gewaltigsten Wirken, weil alles Sein und Tun und Geschehen von der Mitte gefaßt ist". Aber wiederum erfährt sich das Leben auch in einer Gegenseite, in einem Außer-sich-Sein – sonst wäre „kein Sich-Innesein, sondern ein Zugrunde-

Gehen oder gar mechanische Selbigkeit". Es „greift über sich, tritt über sich hinaus. Und es weiß sich um so stärker und freier, je weniger es in sich eingeschlossen bleibt; je stolzer die Höhe, zu der es, über sich selbst hinaus, aufsteigt; je vollkommener es sich überschaut; je souveräner es über sich verfügt; je weiter es Vergangenheit überspannt und Zukunft vorwegnimmt; je größer die Zusammenhänge und Rhythmen der Geschichte, in die es eingeordnet ist und die es aktuell durchlebt; je ferner die gesetzten Ziele und umfassender das Gefüge der Zwecke und Mittel, je länger der Atem seines Schaffens, je breiter der Bereich an Umgebung, Gemeinschaft, Land, Welt, den es als zu sich gehörig über das bloße Innesein hinaus durchgreift. Allein auch diese Richtung hebt sich selbst auf, sobald sie ins Extrem geht. Auf diesem Wege kann das Leben so weit außer sich gelangen, daß es den Zusammenhang mit sich selbst buchstäblich verliert, ins Leere gerät." So bilden Immanenz und Transzendenz des Lebens wiederum einen existenzbegründenden und -prägenden Gegensatz, den letzten der kategorialen, wie die intra- und transempirischen Gegensätze in Guardinis Typologie zusammengefaßt heißen. Ihnen folgt in der Darstellung des Gegensatzbuches die Reihe der „transzendentalen Gegensätze", die letzten Formen der Gegensätzlichkeit selber: Verwandtschaft und Besonderung, Einheit und Mannigfaltigkeit. Sie wurzeln nicht, wie die kategorialen Gegensätze, in bestimmten Seinsgebieten und Aktformen des Lebens, sondern in der Tatsache der Gegensätzlichkeit als solcher.

„So erfährt sich das Leben als qualitative Einheit. Lebendig sein bedeutet, mitschwingen können mit dem, was lebt. Verwandt sein der anderen lebendigen Gestalt."

Aber es erfährt sich gleichzeitig auch „tatsächlich gerade als das stets ‚Andere'. Verschieden ein Organ vom anderen, eine Funktion, eine Reaktion von der andern. Kein Glied gleicht dem nächsten. Verschieden sind die einzelnen Kulturakte, Kulturgebiete. Kunst ist nicht Philosophie, Politik nicht Recht" usw. „Leben erfährt sich als das, was immer anders ist. Soll nicht Unähnlichkeit sein, sondern qualitative Besonderung, dann muß ein Mindestmaß von Ähnlichkeit bleiben.
Die nämliche Tatsache, die hier von der qualitativen Seite her gefaßt wurde, stellt sich auch von der struktiven Seite her dar. Das Leben erfährt sich als Zusammenhang, als Einheit leiblich-geistigen Seins, die in geschlossener Entwicklung auf- und abgebaut wird; als Gesamtzug eines umfassenden Lebensaktes, der nie abbricht; als Offenbarung einer einheitlichen Gestalt und zusammenhängenden Ordnung." Soll aber nicht „Selbigkeit, sondern lebendiger Zusammenhang sein, so muß ein Mindestmaß wenigstens von Scheidung wirksam werden. Das Leben erfährt sich überall auch als gegliedert, und soll lebendige Gliederung möglich bleiben, dann muß ein Mindestmaß wenigstens von Zusammenhang vorhanden sein".
Damit wäre die Darstellung des Gegensatzsystems knapp umrissen; Romano Guardini fügt ihm in seinem Buch noch die hier nicht weiter wichtigen Kapitel über „Das Verhältnis der Gegensätze zueinander", über „Maß und Rhythmus", die „Zusammengesetzten Gegensätze", über das „Gegensatzsystem und das Leben", das „Erkenntnisproblem des Konkreten" und die „Bedeutung des Gegensatzgedankens" an, von denen lediglich der vorletzte Abschnitt noch kurz betrachtet werden soll. Guardini schreibt hier rückblickend und zusammenfassend:

„Zwei Dinge sind mir beim Nachdenken über die Gegensatzfrage besonders teuer geworden: Mitte und Maß. Jedes Lebendige hat seine Mitte. Und es gibt wohl auch eine für die Gesamtheit der Lebendigen: kann sie wenigstens geben, wenn diese in der richtigen Haltung stehen und ihre Mitten bezogen sind auf ein Letzt-Gemeinsames. Jenes Leben ist recht, das eigene Mitte hat und darin steht. Von ihr her und zu ihr hin lebt. Vielleicht haben wir neu zu lernen, was es heißt, eine Mitte zu haben und in ihr zu stehen; nicht bloß ein Fetzen zu sein, sondern geordnete Ganzheit. Mitte ist jene Region – aber das Wort genügt nicht; es handelt sich ja nicht um einen Teil, um eine Gegend –, jener Beziehungspunkt, von wo aus überhaupt erst Leben möglich wird. Sind wir in unserer Mitte? Wissen wir um sie? Stehen wir nicht immer, und heute besonders, in Gefahr, von unserer Mitte abgedrängt zu werden?

Ich glaube, wem die Gegensatzidee in der rechten Weise zur Haltung wird, dem kommt daraus ein edler Gewinn: das Bewußtsein von einer Mitte seines Lebens, und der Wille, sie ins Gemüt zu heben; von ihr her zu leben und zu ihr hin.

Maß? Maß ist Einklang, rechtes Verhältnis. Grenze. Bejahte Grenze wird zum inneren Verhältnis der Kräfte. Wenn wir die Grenze bejahen, verzichten wir auf Unendlichkeit. Die Grenzen leugnen dürfen wir nicht. Sie überschreiten können wir nicht. Aber überwinden sollen wir dadurch, daß wir sie frei bejahen und vollenden und so zum Gesetz der Vollkommenheit machen. Von der Gegensatzlehre her geformte Haltung gewinnt tiefes Wissen um die Bedingungen, unter denen das Leben lebendig bleiben kann." Und im letzten Abschnitt schreibt Guardini: „Heute geht es um folgendes: Die Wirklichkeit wird uns wieder sichtbar, nachdem wir lange in Formeln gelebt haben. Die Welt der Qualitäten, Gestalten und Geschehnisse. Die Welt des Dinges. Und alles kommt darauf an, daß wir den Dingen ganz stehen; sie sehen, spüren, ergreifen. Alles kommt darauf an, daß wir der wirklichen Welt begegnen im Erkennen, im Werten und Entscheiden, im Handeln und Schaffen."

Blieb sein Buch über den Gegensatz ohne nennenswerte Wirkung, so doch nicht sein Gegensatzdenken selber. Es durchdrang alle Schriften Guardinis und gelangte über sie und fast ausschließlich indirekt, das heißt weniger als theoretischer Entwurf, dafür aber in seiner praktischen Anwendung und deren Konsequenzen, in alle Schichten der Bevölkerung. Für Guardini selber blieb es die unwidersprochene Grundlage seiner Haltung, seiner Arbeit, seines Wesens. Das Buch des Zweiunddreißigjährigen enthielt in nuce bereits das große Gesamtwerk – wesentlich Neues vom Gedanken her kam nicht mehr hinzu. Der im ringenden Denken um Erkenntnis entwickelten Anschauung des Lebens folgte ein Leben als Anschauung. Seine Philosophie war keine im gewöhnlichen, strengen Sinne, sondern eher ein Philosophieren, wie es jeder tun könnte – der Entwurf eigener Lebensweise. Es gab die dem Leben und nichts sonst verpflichtete Methode der Erkenntnis und damit dem jungen Theologen das Rüstzeug zu einer Wirksamkeit, wie sie im deutschen Katholizismus unseres Jahrhunderts, wie sie aus diesem heraus in der gesamten Kulturlandschaft seitdem keiner mehr erreichte. Ihren Anfang nahm sie 1918.

## Liturgische Erneuerung

Nach seiner Priesterweihe wurde Romano Guardini 1910 Domprediger in Mainz. Kurze Zeit später gründete er dort den Jugendbund „Juventus", eine Vereinigung höherer Schüler. Es war dies der Anfang seiner pädagogischen Arbeit, die bald darauf weite Kreise ziehen und ihm gegen Ende seines Lebens den Ruf des größten Pädagogen seiner Zeit einbringen sollte.

Das zentrale Ereignis dieser Jahre war für ihn wie für den deutschen Katholizismus innerhalb der Kriegs- und Nachkriegssituation die Veröffentlichung seiner Schrift *Vom Geist der Liturgie*, die um Ostern 1918 erschien und die Bewegung der „liturgischen Erneuerung" auf ein großes Publikum übertrug.

1965, in seiner Ansprache zum achtzigsten Geburtstag Romano Guardinis, kam Karl Rahner darauf zu sprechen: „Wenn die deutsche Kirche zusammen mit anderen Kirchen Westeuropas Entscheidendes zu jenem Durchbruch zu lebendiger, neu wachsender Liturgie beigetragen hat (und nur diese Kirchen haben es getan), die auf dem Konzil die feierlich angenommene Aufgabe der hierarchischen Kirche in aller Welt wurde, dann verdankt die deutsche Kirche dies in erster und ursprünglichster Weise Romano Guardini. Selten, glaube ich, ist der Ursprung einer geistigen Bewegung von weltweiter Art und unermeßlicher Tiefe im Geist, Herz und in der religiösen

Existenz fast eines einzelnen Menschen geschichtlich so deutlich greifbar wie in diesem Fall."

„Liturgische Erneuerung" – hinter diesem damals wirkungsreichen Schlagwort verbarg sich eine heute kaum noch geahnte, mühevolle Geschichte, die ihren Anfang 1909 auf dem belgischen „Congrès national des ouvres catholique" in Mechelen – einer Tagung der katholischen Vereine Belgiens – nahm.

Der Benediktiner Don Lambert Beauduin (gest. 1960) aus Löwen machte damals in einer berühmt gewordenen Rede seinem Unmut über die katholische Vereinskrämerei Luft: „Wir machen so große Anstrengungen, um in unseren Vereinshäusern ein kleines Häuflein von Getreuen zusammenzuholen, sie für ein christliches Leben zu gewinnen und sie auch einmal zu einer Generalkommunion zu führen, und daneben haben wir in jedem Dorf ein Haus für das ganze christliche Volk, das von oben bis unten erfüllt ist von heiligen Geheimnissen und von den Gedankenkräften des Christentums; wo Sonntag für Sonntag alles zusammenkommt, um sich im Geiste zu erneuern; wo der Priester da ist, der berufen ist, zu unterrichten und zu segnen und zu opfern; wo die Feste gefeiert werden und die Gedenktage der Freude und der Trauer; wo die Gemeinde ihren Mittelpunkt hat und wo eine ungeheuer reiche Liturgie bereitsteht. Warum lassen wir das alles unbenutzt – und mühen uns auf vielen anderen Wegen?"

Die Frage trug Sprengstoff in sich, erweiterte die zaghaften Versuche Pius' X. um liturgische Erneuerung erheblich und drang bald von Belgien nach Deutschland, wo Ildefons Herwegen, der junge Abt von Maria Laach, sie aufnahm. In der von ihm herausgegebenen Publikationsreihe „Ecclesia Orans“ erschien als erstes Bändchen Romano Guardinis „Programmschrift“ der Erneuerungsbewegung.

Auch bei diesem Buch ging es Guardini wie bei der Gegensatzlehre nicht um Wissenschaft, sondern um menschliche Bildung, „um die Verwirklichung christlicher Existenz in unserer Zeit“ (W. Dirks). „Er beschreibt den Zusammenstoß zweier geistiger Welten, ihre Dissonanz, und deutet ihre Lösung an. Er legt Zusammenhänge zwischen Liturgie und Innenleben wieder frei, die verschüttet und vergessen waren. So bespricht und fixiert er die natürlichen Grundlagen und Vorbedingungen für das liturgische Erlebnis. Seine Ausführungen vermögen daher aufs beste die breite Grundlage zu schaffen, auf der wir in Zukunft weiterzubauen haben“, schrieb Ildefons Herwegen 1918 in seiner Einführung zu *Vom Geist der Liturgie*.

Heute stehen liturgische Probleme längst nicht mehr im Mittelpunkt innerkirchlicher Diskussionen. Vieles ist seit Guardinis Schrift – und wesentlich durch sie – erreicht und geändert worden. Das II. Vatikanische Konzil nahm die wichtigsten seiner frühen Anregungen auf und führte sie zur allgemeinen Praxis – vierzig Jahre später. Aber auch hier blieb Guardini in seiner Konsequenz verantwortlich und kritisch. Statt sich seines späten Erfolges zu freuen, stellte er in einem aufsehenerregenden Brief an den Dritten Liturgischen Kongreß 1964 in Mainz grundsätzlich nicht nur seine eigenen liturgischen Bestrebungen, sondern die ganze Sache selber als möglicherweise überholt oder doch zumindest vom Menschen des industriellen Zeitalters nicht mehr erfüllbar in Frage und zur Diskussion darüber, „in welcher Weise“ künftig „die heiligen Geheimnisse zu feiern seien, damit dieser heutige Mensch mit seiner Wahrheit in ihnen stehen könne".

Der Brief stieß kaum auf Verständnis, und es steht zu erwarten, daß weitere vierzig Jahre vergehen müssen, ehe die Notwendigkeit der neuen Fragen eingesehen wird.

Dennoch liest sich Guardinis *Vom Geist der Liturgie* noch heute wie ein einzigartiges Angebot an den Menschen der modernen Zeit. „Es graut uns vor der Verrohung des Lebens, aber die Absenz einer jeden objektiv verbindlichen Sitte zwingt uns auf Schritt und Tritt zu Verhaltensweisen, Reden und Berechnungen, die nach dem Maß des Humanen barbarisch und selbst nach dem bedenklichen der guten Gesellschaft taktlos sind." Gegen eine so tief wahr gebliebene Tatsache – Th. W. Adorno konstatierte sie für unser Jahrhundert in seiner unentbehrlichen, ja, in Wahrheit entwurzelnden „Minima Moralia" aus dem Jahre 1944 – hebt sich Guardinis liturgische Besinnung wie das Angebot einer unglaublichen Chance ab, auch für Nicht-Katholiken oder leer gewordene, in der Psychomechanik ihres Alltags erstarrte Gläubige, wie die tiefe Ahnung einer doch noch möglichen Chance des Menschen zu innerster Stabilität bei äußerster Vielfalt im Selbstsein, in den Bezügen zur Welt und den Beziehungen zum Menschen.

Und so war 1918 die Wirkung des schmalen Bändchens – fast selbstverständlich – epochal: zwölf Auflagen in knapp fünf Jahren.

Es kam, helfend, stärkend, als man die zehn Millionen Toten, die zwanzig Millionen Verwundeten am Ende des Völkermordens zu zählen hatte. Die Bilanz war keine abstrakte, sie war eingefleischt ins Bewußtsein jedes einzelnen, in die alltägliche Existenz hineingewachsen mit dem Verlust der nächsten Bezugspersonen, der Verwandten und Freunde. Wie die schwarze Spinne in Jeremias Gotthelfs Erzählung war der Krieg gekommen, langsam wachsend aus anscheinend harmlosen Ursachen – zurück blieb in den Gemütern mit dem Verlust die grauenhafte Bilanz. Karl Kraus fluchte: „Das Leben starb. Die Mörder tanzen Tango" – und keines der Opfer hätte ihm widersprechen wollen. Spengler machte den „Untergang des Abendlandes" populär, andere dachten über Auswege nach: Theodor Lessing suchte nach der „Sinngebung des Sinnlosen", Albert Schweitzer, nach dem Verfall, die Aufbaukräfte einer neuen Kultur. Romano Guardini – man muß und darf es heute so sagen – hat einer großen Anzahl von Menschen in den Zwischenkriegsjahren die Kirche geschenkt, nicht die Kirche als Institution, sondern die Kirche als reale, konkrete Gemeinschaft, als tragende, prägende, inner- und überfamiliäre, inner- und überstaatliche Lebensgemeinschaft. *Vom Geist der Liturgie* war nicht nur vielversprechend einladend, es war das direkte Angebot, das in ihm als möglich Erkannte zu verwirklichen, am Wirklichen der liturgischen Gemeinsamkeit teilzuhaben, diese Wirklichkeit mitzugestalten, hervorzubringen, denn anders kann sie nicht empfangen werden. Es bot die echte Chance einer Gemeinschaft, die aus den eigenen Kräften der gemeinsamen, betenden, empfindenden Ausrichtung auf das Größere zusammenwuchs, die Fülle und Form im Zentrum des Chaos ermöglichte, Immanenz und Transzendenz realisierte, erlebte und jene wiederaufbauenden Prioritäten stabilisierte, die im öffentlichen und auch im privaten Leben der Wirtschaft, Technik, Politik und Kultur durch dekadente verhängnisvoll ersetzt worden waren, einer Gemeinschaft schließlich, in der das

Prinzip und die konkrete Wirklichkeit Leben in jeder einzelnen, personalen Eigenart dem Prinzip der Produktion, der Masse und der Macht vorangestellt statt untergeordnet wurden.

Wie unmittelbar die Wirkung der liturgischen Schrift war, zeigt am deutlichsten die Reaktion der katholischen Nach- und Zwischenkriegsjugend: Sie nahm nicht nur begeistert Guardinis Anregungen und Weisungen auf, sondern machte ihn auch zu ihrem Leiter.

Man hat die Jugendbewegung jener Jahre vielfach belächelt, klischeehaft gedeutet und mit großspuriger Arroganz mißverstanden. Sie war – wie der Pragmatismus, der Personalismus, der Existentialismus – eine scharfe Reaktion auf die totale Krisis der Menschen – freilich eine echt jugendliche Reaktion. (Aber Alter ist keine Qualifikation.) Sie war auch nicht einfach Flucht vor der Zivilisation, wie ihr stereotyp noch heute nachgerufen wird, sie war die existentiell erfüllte Suche nach einer lebensfähigen und -werten Kultur. Die Zivilisation war wenig zum Bleiben gemacht. Sie hatte an die Stelle von Gemeinschaft Massen gesetzt, personale Eigengesetzlichkeit zur Währung gemacht – es galt, neue Werte zu finden und durchzusetzen.

Guardini, der vor allem zu jener Zeit der Autor des kleinen Bändchens *Vom Geist der Liturgie* war, schien der Mann zu sein, unter dessen Führung das Notwendige möglich werden konnte. Die katholischen Jugendlichen luden ihn ein nach Burg Rothenfels, in ihr Zentrum, und ließen ihn nicht mehr gehen. Ja, sie nahmen ihn förmlich beim Wort – und er blieb.

## Personale Pädagogik

„Irgend jemand hat Guardini den größten deutschen Pädagogen unserer Zeit genannt. Das ist ein großes Wort, aber man kann es rechtfertigen. Man wird dabei gar nicht an die Theorie, mehr an die Reflexion, gewiß auch an eine Fülle von Ansprachen, Kleinschriften, Predigten und Meditationen, auch an pädagogische Hinweise denken können; pädagogisch im wahrsten Sinne aber war die Faszination, die vom Gespräch dieses Mannes ausging.
Die bedeutende Phase seiner Existenz begann mit dem gelebten Dialog, den er vor allem mit Menschen aufnahm, die zehn und zwanzig Jahre jünger waren als er: mit Studenten und Studentinnen, Schülerinnen und Schülern, als der 35jährige in der Jugendgruppe und im ‚Quickborn', wenig später auch vom Katheder aus zu wirken begann; viele von diesen sind teils seine ‚Jünger' oder Schüler, manche seine Freunde geblieben."
Der dies zum Tode Guardinis schrieb, ist selber einer jener Schüler und Freunde, die ihren geistigen Anfang, die Ausrichtung ihres Lebens, die Prägung ihres Wesens im „Quickborn", der Jugend um Guardini auf Burg Rothenfels, gefunden haben: Walter Dirks, der heute 75jährige Publizist, der ganz in der Nachfolge Guardinis nach 1945 wie wenige außer ihm christliche Haltung in den konkreten Alltag einbrachte – auf journalistischem Wege.
Tatsächlich wurde die Phase der Jugendarbeit für Guardini zur entscheidenden seines Lebens überhaupt. War er

nun Philosoph, Theologe, Pädagoge und alles zusammen – hier kam es zur Entfaltung und Bewährung. Mit der Erkenntnislehre vom Gegensatz und der liturgischen Besinnung hatte er zum Gespräch aufgefordert, auf Burg Rothenfels, am rechten Ufer des Mains, meldeten sich die Partner zu Wort. Der Dialog mit der Welt begann.

Der „Quickborn" hatte sich bereits 1909 aus verschiedenen katholischen Wandervogelgruppen gebildet und wurde nach dem Krieg zum Sammelbecken aller katholischen Richtungen der Jugendbewegung. Ostern 1920 stieß Guardini zu ihm, wurde „sein Berater, sein geistiger Mittelpunkt und dann, im Jahre 1924, der freudig anerkannte Herr in der Burg Rothenfels. Er ließ sich von der geistigen Schönheit dieser Jugend ergreifen und erkannte zugleich die Gefahr, der sie ausgesetzt war: die drohende Verschwendung der Kräfte in einem anarchischen Bestreben und, daraus folgend, geistige Verführbarkeit und Unfähigkeit, den Weg zurück in das Leben tätiger Erwachsenheit zu finden" (H. Kuhn).

Auf der Grundlage des Gegensatzgedankens praktizierte Guardini mit den Jugendlichen ein pädagogisches Programm, das nicht nur dieser Gefahr entgegenwirkte, sondern zugleich seinen wichtigsten Ansatzpunkt in ihren Sorgen hatte, in den Sorgen und Problemen, die sie ganz konkret belasteten, und nicht etwa in denen, die sie der bürgerlichen Welt der Erwachsenen bereiteten oder möglicherweise bereiten konnten. Ein gewaltiger Unterschied und ein revolutionärer Ansatz pädagogischer Praxis noch heute, da die erzieherischen Leistungen in der überwiegenden Breite schulischer Praxis weiterhin an den Sorgen orientiert bleiben, die die Schüler machen, statt an denjenigen, die sie haben – wenn auch längst gegenteilige

Theorien gelehrt werden. Guardini hatte schon im „Juventus" in Mainz die große regulative Kraft, den leidenschaftlichen Willen zum gesellschaftlichen Korrektiv jugendlicher Gemeinschaften erkannt und bestärkt – sie galt es in eine auch politisch und kulturell wirkfähige Form zu führen und zu entfalten. Ein umfangreiches Programm von Tagungen und Werkwochen, Ansprachen, Diskussionen, geistigen und körperlichen Übungen gab den Weg dazu. Sie bildeten eine regelrechte – freiwillige – Schule existentieller Einübung in Gemeinschaft und Leben mit allen brauchbaren und in der gemeinsamen Erfahrung neu entwickelten Mitteln der Didaktik. Kein Bereich des Lebendigen, der konkreten Person blieb dabei ausgespart, kein Gedanke, keine Idee – so „unchristlich" sie auch hätten sein mögen – unbedacht oder ausgeschlossen. Im Zentrum der Lebens-Führung und -Hinführung, der Bildung und Bildungslehre Guardinis stand nie die Autorität einer Ideologie, ganz gleich welcher Prägung, immer aber die Autorität der Person, des personalen Lebens. Nur von daher kann seine Pädagogik verstanden werden.

Das Grundaxiom seiner Gegensatzlehre hieß: Das Leben ist Polarität. Das seiner Bildungslehre: Der Mensch ist Person.

Was aber bedeutet „Person", und welche Bedeutung hat ein solches Axiom für die Pädagogik? Unter den zahlreichen, meist kleinen pädagogischen Schriften sind es ganz besonders drei, in denen er diese Fragen aufwarf und beantwortete: *Über Sozialwissenschaft und Ordnung unter Personen* (1926), *Grundlegung der Bildungslehre* (1928) und *Welt und Person* (1939). Alle drei Schriften waren aus der praktischen Erfahrung im Umgang mit Jugendlichen entstanden und gehören heute längst zum klassischen Bestand pädagogischer Standardliteratur. In ihnen definiert Guardini Person als „Eigengehörigkeit“, und zwar ganz konkret als sich selber gehörende Exklusivität im Numerischen, das heißt, „Ich bin Einer; ich bin nur Einer, ich kann nicht verdoppelt werden“, und als sich selber gehörende Exklusivität im Qualitativen: „Ich bin Dieser; ich bin nur Dieser, ich allein bin Dieser. Ich kann nicht nachgemacht, ich kann nicht zum Fall gemacht werden.“

Diese personale Exklusivität ist freilich keine theoretische Leerformel; sie wird im Gegenteil ständig lebendig in der Selbsterkenntnis vollzogen, beansprucht das bewußte Ja zu sich selber und die entsprechende ethische Verantwortungshaltung der eigenen und der fremden Exklusivität gegenüber. Mechanisches Handeln, Entscheiden, Erkennen ohne Selbstbewußtsein, ohne das Wissen um die exklusive Eigengehörigkeit machen nach Guardini die Person noch nicht aus. Zu ihr gehört wesentlich die Selbstverwirklichung durch Selbstbehauptung – das bewußte Stehen zu sich selber und zu seinen Taten. Daraus, aus bewußter Exklusivität und Selbstgehörigkeit, ergeben sich die beiden Momente der Innerlichkeit und Würde der Person, ohne die sie nicht Person wäre – wobei „Innerlichkeit“ jene innerste Exklusivität ist, die man auch Einsamkeit nennen kann, jener tiefe Selbstbereich, zu dem niemand außer mir selber und Gott Zutritt hat, in den von „außen“ nichts hineinkommt: „Beobachtung, Rechnung, Gewalt, psychologische Analyse und Suggestion reichen hier nicht herein.“

Sie ist die Eigengehörigkeit nach der „immanenten Seite“ hin, während die Würde die transzendente Seite ausmacht und die Person über die weltlichen Sachzusammenhänge

„erhaben" macht, so, „daß sie Ehrfurcht fordert". Beide Momente bestimmen zusammen „die Tatsache der Selbstgehörigkeit" dahin, daß Person „nicht eingerechnet, eingefügt, durchschaut, unter Zwecke gestellt, gebraucht, gegriffen werden kann". Sie bestimmt ganz sich selber, verfügt in unantastbarer Exklusivität über sich, und „was sie betrifft, findet seine Verwirklichung nur, wenn es zugleich auch in ihrer Initiative ruht".

Der so, als Person, verstandene Mensch, der sich in allem wesensmäßig selber gehört, bedeutet radikale Absage an jeden (partiellen) Fortschritt dessen, was nicht zum Fortschritt des personalen Lebens, der konkreten Welt-Personen, der Personen-Welt wird, ist unerbittliche Kritik der wissenschaftlichen und technischen, der politischen und der ideologischen Tendenz damaliger wie heutiger Zeit, insofern sie eine Welt der Höchstleistungen auf allen Gebieten, eine des physischen Komforts, bloß der Mittel anstreben, ist Anklage und Neuansatz zugleich, ist der Versuch, die Emanzipation des Menschen durch ein Selbstverständnis als Person gegen alle Entpersönlichungsmechanismen voranzutreiben.

Die Ziele der Erziehung sind darin fixiert: Ihr ganzes personengerechtes Bestreben muß „dem jungen personalen Wesen zur Entfaltung" verhelfen; „Erziehung ist Hilfeleistung zum Menschwerden", zur personalen Mündigkeit. Formuliert hat Guardini bis heute gültig die Grundfragen, Aufgaben und Ziele moderner Erziehung in der kleinen, kaum fünfzig Seiten fassenden Schrift *Grundlegung der Bildungslehre. Versuch einer Bestimmung des Pädagogisch-Eigentlichen* 1928 in den *Schildgenossen*, der Zeitschrift des Jugendbundes. So äußerlich unscheinbar dieses 1953 in der Schriftenreihe „Weltbild und Erziehung" wieder vorgelegte Bändchen auch ist – wie kein anderes Werk Guardinis hat es wissenschaftliche Untersuchungen nach sich gezogen, bis hin zu den „Pädagogischen Kontroversen“ zwischen Heinrich Döpp-Vorwald und Wolfgang Klafki, die um das Werk „von klassischer Bedeutung“ 1957 bis 1959 in der *Zeitschrift für Pädagogik* ausgetragen wurden.

Döpp-Vorwald bestätigte dreißig Jahre nach ihrem Entstehen den außerordentlichen Ruf der *Bildungslehre*: „Klassisch ist in der Tat die Präzision und Klarheit, mit der das schlechthin zentrale Grundproblem aller Erziehungstheorie, von dem her sich ihr Gegenstandsgebiet konstituiert – die Frage nämlich nach Wesen, Eigenbestand und Eigensinn des Pädagogischen – herausgearbeitet wird.“

„Was ist das Wesen des Pädagogischen? Wo liegt das spezifisch Pädagogische im Unterschied und unabhängig vom Ärztlichen, Politischen, Sozialen, Ethischen, Religiösen? Welches ist der pädagogische Impuls? Welches ist der pädagogische Wert, die pädagogische Kategorie?“

Von diesen Fragen wird Guardinis Wesensbestimmung des spezifisch Pädagogischen geleitet; seine Antworten ergeben sich unmittelbar aus der Grundlage seiner Gegensatzlehre; aus der dialektischen Struktur des Lebendigen, des personenhaften Werdens. Demnach sind zwei dialektische Grundspannungen, in denen sich das Individuum auf dem Wege zum Person-Sein wiederfindet, für die Bestimmung des „Pädagogisch-Eigentlichen“ grundlegend: die Spannung des individuellen Werdens aus der eigenen Möglichkeit in die eigene Wirklichkeit und die Spannung der Beziehung zum „dialektischen Gegenüber“, zum Gegenstand, zum Du.

Beide Spannungen vollziehen sich in wachsender, zielgerichteter Bewegung aus sich selber. Guardini spricht von „Selbstwerdung“ und vom „Hinübergehen“, von „Bildung“ und „Bewährung“. Ihnen zugrunde liegen „Bild“ und „Begegnung“. „Für das Individuum ist ‚Bild‘ der Inbegriff seiner Wesensbestimmungen“, „Bild“, das es selber ständig zu verwirklichen sucht. Diesen Akt nennt Guardini „Bildung“. „Begegnung“ kommt zustande in jener Bewegung, „in welcher ich mich verlasse“. Indem der einzelne über sich hinausgeht und sich das Seiende zum „Gegenstand“, zum Inhalt seines eigenen Lebens macht, in ihm ist, kommt es zur „Begegnung“, nämlich durch die konkreten Akte des Erkennens, des Wertens, des Wollens und Fühlens, die jeweils ihrer Intention nach „ein Hinübergehen zum Gegenstand und ein Weilen in ihm“ sind.

Im dialektischen Schnittpunkt von „Bild“ und „Bildung“, von „Begegnung“ und „Bewährung“ liegt das „Pädagogisch-Eigentliche“ nach Guardinis Bestimmung: Es kann und darf sich nicht in bloßer Faktenvermittlung erschöpfen oder Zweckabrichtung im Sinne berufsmarktlicher Selektionen sein; pädagogische Praxis – und indem Guardini ihr Eigentliches neu bestimmt, sind Weg und Ziel der Erziehung mit implizierter massiver Kritik an der pädagogischen Wirklichkeit seiner (wie noch immer auch unserer) Zeit fixiert –, pädagogische Praxis muß ihre oberste, erste und einzige Aufgabe darin sehen, der „Person“ vom eigenen inneren Bild zur geformten Gestalt zu verhelfen. In einem anderen Aufsatz der *Schildgenossen* sagt er konkreter, was erziehen heißt, nämlich: „Daß ich diesem Menschen Mut zu sich selber gebe. Daß ich ihm seine Aufgabe zeige, seinen Weg deute, nicht den meinen. Daß ich ihm helfe zu seiner eigenen Freiheit." Pädagogik, personale, wie Guardini sie verstand, ist erst in zweiter Linie „Erziehung"; sie muß in erster Linie selber „Beziehung", „Bildung" in „Beziehung", im Gegenstandsverständnis personaler Begegnung sein, die im Vorrat an Bildungsgut und Wissensfakten ein möglicherweise nützliches Gerüst, den Rahmen zur eigentlichen „Bildung" der Person aus sich heraus zu sich selber, dem eigensten Bild nach, sieht – nicht mehr. „Erziehung" betrifft nur die Existenz, „Bildung" umfaßt sie ganz, innerlich und äußerlich, und fordert dialogische Beziehung.

Die Wirklichkeit der „Bildungslehre" gestaltete sich unter Guardinis Einfluß auf Burg Rothenfels. Seine Mittel bezog er aus der jeweiligen Seelenbewegung der Beziehung, die sich ihm, in die er sich gab. „Wesenhafte Bildung wurzelt nicht im Wissen, sondern im Sein" – auf diese Formel ist sein ganzes pädagogisches Programm und Tun gültig gebracht. Geprägt hat es unzählige junge Menschen der Zwischenkriegszeit. Der Publizist Walter Dirks, seit 1946 Mitherausgeber der kritischen Monatsschrift *Frankfurter Hefte*, wurde bereits erwähnt, der Dirigent Eugen Jochum, der Architekt Rudolf Schwarz seien auswahlweise genannt.

Guardini hat ihre Fähigkeiten ge- und erkannt, ihnen mit zur Entfaltung verholfen, sie gefördert. Auch wenn es, wie zum Beispiel im Falle des Philosophen Josef Pieper, der zu Guardinis 70. Geburtstag davon berichtete, nicht zu direktem und persönlichem Kontakt kam, wirkte er durch Reden, größere Gesprächskreise oft pädagogisch entscheidend und für das ganze Leben prägend.

# Christliche Weltanschauung

„Weltanschauung ist der Blick Gottes auf die Welt: der Blick Christi. Glaubend treffen wir zu Christus, stellen uns auf seinen Standpunkt und nehmen an seinem Blick teil, wenn wir gläubig von ihm her auf die Welt schauen. Von hier aus wird der weltanschauende Blick, wird Weltanschauung möglich. Der weltanschauende Blick deckt sich nicht mit jenem, der das Konkrete sieht. Dieser ist vielmehr in jenem enthalten, erschöpft ihn aber nicht. Damit die Anschauung des Konkreten zur Schau des Welthaften werde, muß noch jener eigentümliche Abstand hinzukommen, den erst der außerweltliche Standpunkt, der Glaube gibt."

Auch diese Sätze aus der Anschauungslehre vom Gegensatz bilden die Grundlage einer Lebenspraxis Romano Guardinis, die Basis seiner Tätigkeit als Professor für „Religionsphilosophie und katholische Weltanschauung" an der Universität Berlin.

Der Lehrstuhl, eine Novität zu seiner Zeit, war 1923 von dem preußischen Kultusminister C. H. Becker gegen den Widerstand des akademischen Kollegiums eingerichtet worden, obwohl es an der Berliner Universität nur eine Evangelisch-Theologische Fakultät gab. Was sollte dort ein katholischer Professor? Wo sonst sollte er hin? Die Philosophische Fakultät verhielt sich ebenfalls ablehnend, so daß eine Verlegenheitslösung gefunden werden mußte. Guardini wurde Mitglied der Universität Breslau und zugleich als ständiger Gast nach Berlin abgeordnet. Das hatte seine Nachteile. „Die Studenten, die den Pförtner fragten, wo Professor Guardini läse, erhielten zur Antwort: ‚Bei *uns* gibt es keinen Professor Guardini.'" (Kuhn.) Dennoch kamen die Vorlesungen zustande, wurden sie von Studenten besucht und waren sie schon bald nicht nur in den katholischen Kreisen Berlins bekannt. Guardinis Name wuchs weit über die Grenzen seiner Konfession hinaus. Über die grundsätzlichen Probleme und seine Entscheidungen hat er selber in einer seiner wenigen autobiographischen Schriften berichtet:

„Der Auftrag, der mir da – nach bloß zwei Semestern Lehrerfahrung übertragen wurde" – 1922 hatte er sich mit einer Schrift über die Theologie Bonaventuras an der Universität Bonn für Systematische Theologie habilitiert – „richtete sich auf etwas, das es im Grunde noch gar nicht gab. Denn es ging ja nicht um die Untersuchung, was das Phänomen der Weltanschauung im Zusammenhang der Geistesgeschichte bedeute; welche Weltanschauungen es gegeben habe; welche Strukturen in ihnen wirksam gewesen seien und welche überhaupt wirksam werden könnten – um Probleme also, wie sie Wilhelm Dilthey, Karl Jaspers, Eduard Spranger und andere aufgenommen hatten. Es sollte vielmehr von einer bestimmten Weltanschauung gehandelt werden, nämlich der christlichen ... Andererseits konnte es sich aber auch nicht um das handeln, dem sich die Theologie in ihren verschiedenen Disziplinen widmete, nämlich um die Untersuchung der christlichen Offenbarung und ihres Inhaltes. So war die Frage, was christliche Weltanschauung als Lehrfach sei, sehr dringlich. So möchte ich mit Dankbarkeit den Namen des einzigen nennen, der mir etwas wirklich Richtungsweisendes gesagt hat, den von Max Scheler. In einem für mich sehr folgenreichen Gespräch sagte er zu mir: ‚Sie müßten tun, was im Wort «Weltanschauung» liegt: die Welt betrachten, die Dinge, den Menschen, die Werke, aber als verantwortungsbewußter Christ, und auf wissenschaftlicher Ebene sagen, was Sie sehen.‘ Und ich entsinne mich noch, wie er detaillierte: ‚Untersuchen Sie doch zum Beispiel die Romane von Dostojewski, und nehmen Sie von Ihrem christlichen Standpunkt her dazu Stellung, um so einerseits das betrachtete Werk, andererseits den Ausgangspunkt selbst zu erhellen.‘ Das habe ich, mutatis mutandis, getan, und dabei ist mir klargeworden, was christliche Weltanschauungslehre besagt: die beständige, sozusagen methodische Begegnung zwischen dem Glauben und der Welt. Und nicht nur der Welt im Allgemeinen, so, wie das auch die Theologie in verschiedenen Fragestellungen tut, sondern im Konkreten: der Kultur und ihren Erscheinungen, der Geschichte, des Soziallebens und so fort."

Mit dem Berliner Lehrauftrag trat Romano Guardini in die letzte und eigentliche Phase seiner öffentlichen „Weltbeziehung" ein, die 1939 durch die Zwangspensionierung für die letzten sechs Jahre des Dritten Reiches unterbrochen, aber bereits 1945 mit einem Lehrauftrag der Universität Tübingen für „Religionsphilosophie und christliche Weltanschauung" (wie es von nun an hieß) wieder aufgenommen und seit dem Ruf nach München im Jahre 1948 bis zu seiner Emeritierung (aus gesundheitlichen Gründen) 1963 dort fortgesetzt wurde. (Sein Nachfolger in München wurde Karl Rahner.)

Mit Ausnahme der akademischen Zwangspause während des Krieges, bedingt durch die Liquidierung des Berliner

Lehrstuhls, hat es seit dem Lehrantritt Guardinis in Berlin keine einschneidenden oder gar von Grund auf verändernden biographischen Ereignisse in seinem Leben mehr gegeben. Es gab einige öffentliche Ehrungen, es gab das II. Vatikanische Konzil, an dessen Ergebnissen das Werk Guardinis wesentlich beteiligt war, es gab große Gespräche mit öffentlich bekannten und unbekannten Persönlichkeiten, und es gab das Lehrererlebnis, daß viele seiner Schüler aktive Persönlichkeiten wurden – aber dies alles war nicht eigentlich neu, sondern in umfassender Weise ihn selber und seine Arbeit bestätigend. Das gleiche gilt für seine geistige Biographie: in ihren Grundzügen hatte sie bis zu seinem dreißigsten Lebensjahr ihre Entwicklung abgeschlossen, was folgte, war Entfaltung und Tat, Verwirklichung und Bewährung. (Der gleiche Umstand prägt übrigens die Biographie Albert Schweitzers. Sie scheint sich nach den gleichen Prinzipien – zehn Jahre früher – gestaltet zu haben, mit dem Unterschied freilich, daß Schweitzer praktischer Arzt wird, während Guardini Lehrer bleibt, daß Schweitzer nach Lambarene geht und physische Leiden diagnostiziert und heilt, während Guardini seine Aufgaben darin findet, die Richtungen der Pädagogik und der Kirche auf Person und Welt zu lenken, der Person in der Welt zu ursprünglichem Recht und zu ihrer Würde, zu neuer Autorität zu verhelfen.)

Guardinis Berliner Antrittsvorlesung trug den Titel *Vom Wesen katholischer Weltanschauung* und ist wie die *Gegensatzlehre*, wie die Schrift *Vom Geist der Liturgie*, wie die *Bildungslehre* programmatisch zu verstehen. Drei Jahrzehnte später, gegen Ende seiner akademischen Laufbahn, kam er noch einmal, in seiner *Dankrede bei der Feier meines siebzigsten Geburtstages in der Philosophischen Fakultät*

*München*, auf das gleiche Thema zu sprechen, wenn auch inzwischen statt von „katholischer“ von „christlicher Weltanschauung“ die Rede war. Hier schwingt das Programm von 1923, bestätigt und verwirklicht durch ein außergewöhnliches Leben, in jeder Zeile mit, und noch einmal werden Bekenntnis und Botschaft den Katholiken, den Christen der sechziger Jahre entgegengerufen: „So darf es nicht sein, daß der Mensch die Welt erfahre und dann noch, außerdem, gläubig sei; ebensowenig aber, daß er glaube und die Welt nur nebenher als nun einmal nicht erläßliches Realisationsfeld des Gläubigseins sehe. Sondern es soll Begegnung geschehen ...“, Begegnung, in der sich der Gläubige bewährt, in der sich die Welt den Fragen des Gläubigen stellt, in echter, kritischer Gegenseitigkeit, im Miteinander echter „Bildung“ durch „Beziehung“.

„Hier sehe ich den Kern der Aufgabe, um die ich mich nun seit über dreißig Jahre bemühe: Die Erkenntnis dessen, was in der Begegnung des christlichen Glaubens, sagen wir richtiger, des glaubenden Menschen, mit der wirklichen Welt deutlich wird. Dazwischen liegen die Jahre, lang und kurz zugleich, wie in der Perspektive des Vergangenseins Menschenjahre eben zu sein pflegen. Sie haben mir gezeigt, wie wichtig diese Arbeit ist, wie ertragreich sie sein kann, und auch, was geschieht, wenn sie nicht getan wird.“

In der Tat – die Weltgeschichte hat seinen Forderungen recht gegeben, nicht weniger als die Geschichte der Kirche in ihr. Absonderung und Gewährenlassen, Arrangement statt Engagement ersetzten in den entscheidenden Phasen unseres Jahrhunderts Gemeinschaft und Dialog zwischen Kirche und Welt, zwischen Glaube und Macht.

Die Geschichte hat gezeigt, wie wenig Feststellung und wieviel mehr notwendiges Programm Guardinis Ruf vom Erwachen der Kirche in den Seelen war: Forderung nach Besinnung und Engagement eben, nach Kommunikation des Christen, des Katholiken im besonderen, mit der Welt, den politischen und kulturellen, den wirtschaftlichen und sozialen Bereichen. Er selber hat die Begegnung seinerseits gestiftet, initiiert, hat zu fast allen aktuellen Problemen des Alltagsmenschen in den verschiedenen Epochen Stellung genommen, wie es seine katholische Haltung verlangte, hat in weit über hundert Schriften – großen und kleinen, bedeutsam in ihrer Art sind sie alle – mit-gelebt, mit-gedacht, mit-gefragt und Antworten gegeben. Sie wurden gelesen von Christen aller Konfessionen und von Nichtchristen, erzielten internationale Auflagen wie zu dieser Zeit kaum deutsche Literatur sonst, ganz zu schweigen von der religiösen, die meist eine Art Gettodasein führte, und werden bis heute – auch dies ist nicht selbstverständlich – immer wieder neu verlegt.

Den bedeutendsten Schritt zur Begegnung aber macht Guardini mit seiner „Interpretation der Welt" durch die wahrhaft großen Monographien über Platon, Augustinus, Dante, Pascal, Hölderlin, Dostojewskij, Rilke und – man darf ihn ruhig hinzunehmen – Christus, zu dem Guardini vielen Menschen neue oder sogar erste Wege freigelegt und Begegnungen ermöglicht hat, den er mit seinem vielleicht berühmtesten Buch, *Der Herr* (1937), auch da wieder ins Gespräch brachte, wo ein verinnerlichtes Christusbild längst abhanden gekommen war.

Als das II. Vatikanische Konzil (in der „pastoralen Konstitution" über die Kirche in der Welt von heute, *Gaudium et spes Nr. 62*) den katholischen Gläubigen die Beschäftigung mit Literatur und Kunst empfahl, nahm es auch hier Gedanken und Praxis auf, die Guardini – wie im Falle der liturgischen Erneuerung – bereits seit Jahrzehnten realisierte.

# Kritik durch Interpretation

Guardini, der Philosoph des Gegensatzes, der Theologe der liturgischen Erneuerung, der Pädagoge der katholischen Jugendbewegung und Mitbegründer der modernen personalen Pädagogik, war neben alldem oder vielleicht sogar vor alldem Schriftsteller und als solcher ein Literaturkritiker von ungewöhnlichem Rang. Neben ihm in der katholischen Literatur seiner Zeit finden sich nur zwei ebenbürtige Namen: der des Konvertiten Theodor Haecker vor und der des „spätbekehrten" Reinhold Schneider nach dem zweiten Weltkrieg. Wie Haecker (1879–1945) kam Guardini von Kierkegaard her, wie Haecker widmete er sein ganzes Schaffen der christlichen Orientierung im „Chaos der Zeit", und gilt beides auch für Reinhold Schneider (1903–1958), so kommt hinzu, daß dieser sich in dem gleichen Anliegen denselben Persönlichkeiten und Werken zuwandte wie Guardini. Alle drei waren eminente, aber bis heute kaum literaturwissenschaftlich gewürdigte Essayisten, geprägt durch jenen „wesenhaften Katholizismus", von dem Guardini in Berlin gesprochen hatte, und dennoch waren sie „wesenhaft" verschieden voneinander: Haecker war Satiriker, seinem tiefsten Wesen nach, Schneider Literat – der Priester unter ihnen, der große katholische Seelsorger der deutschen Literatur war Romano Guardini:

„Bei mir steht die Sache so, daß das Denken ein inneres Sprechen, und in diesem Denk-Sprechen vom ersten Augenblick an auch die Sorge um die Form wirksam ist. Es geht also nicht so, daß zuerst Dinge gedacht würden, nach was und wie und warum, und dann erst die Überlegung käme, wie das Ergebnis klar und erfreulich darzustellen sei, sondern die Wahl des Wortes und die Prägung des Satzes, der Aufbau des Ganzen und die Gliederung des Einzelnen entstehen mit dem Gedanken aus der gleichen Wurzel."

So entsteht Literatur, und nicht nur dieses Bekenntnis, mit dem Guardini erklären wollte „Warum so viele Bücher?" und „Rechenschaft über die eigene Schriftstellerei am siebzigsten Geburtstag und vor Freunden" gab, weist ihn als Schriftsteller aus; es sind vor allem seine vielen Bücher, darunter aber an erster Stelle die Monographien, mit denen er außerdem der Literaturkritik seiner und noch unserer Zeit ein Beispiel gab, das Schule machen müßte. Eine Klage Arthur Schnitzlers macht das deutlich: „Des Kritikers erste Frage müßte sein: Was hast du mir zu sagen, Werk? Aber das kümmert ihn im allgemeinen wenig. Seine erste Regung ist vielmehr: Nun, Werk, gib acht, was ich dir zu sagen habe."

Das ist der entscheidende Unterschied, und wenn die heutige Literaturkritik in eine Krise des Selbstverständnisses und der Wirkung geraten ist, so liegen in ihm die wichtigsten Ursachen.

Guardini ging der ersten Frage nach – er war ja kein berufsmäßiger Literaturkritiker – und stellte sie quasi stellvertretend für sein eigenes, großes Lesepublikum. Er verstand seine Aufgabe als Vermittlung von Begegnung und verzichtete dabei zumeist auf die jeweils bereits bestehende und kaum mehr überschaubare Sekundärliteratur, um „in möglichst enge Fühlung mit den

Texten selbst zu kommen" –, auch auf die Gefahr hin, „daß ich Dinge sage, die bereits gesagt, oder Irrtümer vertrete, die bereits widerlegt sind". In dieser Gefahr steht jeder – nichtwissenschaftliche, nichtberufsmäßige – Leser, und als solcher suchte Guardini den Kontakt, um ihn solchen Lesern zu vermitteln, als Mittler eben zwischen Autor und Publikum, kritisch und erläuternd, kommentierend und darstellend – nicht anders, wie es die Aufgabe der Literaturkritik vor Neuerscheinungen wäre. Nur da, wo es „nötig war, um über die Tatsachen unterrichtet zu sein", griff er auf Nebenliteratur zurück.

Der erste Schriftsteller, dem Guardini sich in einer umfassenden Studie (nach seinen theologischen Promotions- und Habilitationsschriften über Bonaventura und kleineren Beiträgen über Kierkegaard in den *Schildgenossen*) zuwendet, ist F. M. Dostojewskij (1821–1881), der größte unter den „großen Grenzüberschreitern der Literatur", wie ihn Stefan Zweig 1920 genannt hat, in dem Kafka seinen „eigentlichen Blutsverwandten" fühlte, von dem Nietzsche – dankbar für entscheidendste Anregungen – bekannte, daß er „zu den schönsten Glücksfällen meines Lebens" gehörte.

Es fällt auf, daß Guardini gerade ihn an den Anfang seiner Auseinandersetzungen mit den Zeugnissen der Welt gesetzt hat, unmittelbar vor Pascal (1935) und Augustinus (1935), vor Dante (1937–1956), Hölderlin (1939), Rilke (1941), Platon/Sokrates (1944) und Christus – *Der Herr* (1937); und es fällt weiter auf, daß diese Aktualisierungen des christlichen Gedankens am Beispiel schöpferischer Haltungen alle während des Dritten Reiches erschienen sind, wobei im Falle Dostojewskijs die zweite, neubearbeitete Auflage von 1939 zu nennen wäre. Beide Aspekte kamen sicher nicht von ungefähr: Während der eine Teil der emanzipierten Persönlichkeiten der Kultur vor der ideologischen Gleichschaltung ins Exil ging und der andere Teil den Schutz der „inneren Emigration" suchte, schwieg oder doch nur hermetisch verschlüsselte Werke veröffentlichte, gab Guardini mit seinen Monographien, aber auch mit seiner unmißverständlichen Schrift über *Welt und Person* (1939) offene Beispiele und Weisungen zur personalen, zur christlichen Autonomie des einzelnen als Bollwerk gegen die politischen Totalitätsansprüche der Machthaber des Reiches. Er wurde dafür vorzeitig in Pension geschickt und mit dem Verbot jeglicher pädagogischer Arbeit belegt. (Burg Rothenfels wurde 1939 beschlagnahmt.)

Guardini antwortete – seiner Art gemäß – leise, aber eindringlich. Sein *Hölderlin* etwa war geradezu eine Blasphemie im Sinne des Propagandaministeriums, und wenn man heute die linientreuen Hölderlin-Schriften der damaligen Germanistik damit vergleicht, so bekommt Guardinis Verzicht auf Sekundärliteratur eine sehr viel größere Bedeutung, als bisher gesehen wurde. Aber das wurde damals kaum bemerkt, und für das infame Gespür des Propagandaministeriums und seiner angeschlossenen Kontrollorganisationen blieben die feinsinnigen Einführungen Guardinis völlig unzugänglich.

Als junger Mann, als Student der Naturwissenschaften und der Nationalökonomie, hatte Guardini der zerrütteten, für viele bereits hoffnungslos verkrampften Kirche in privater Herausforderung die eigene Entscheidung zum Priesteramt in eben dieser Gemeinschaft entgegengestellt und mit ungewöhnlichem Erfolg ihre Erneuerung vor allem an der Basis der Gläubigen, bei den Jugendlichen, vorangetrieben. Als inzwischen führender Mann der Kirche ging er erneut in die Herausforderung, indem er den irr-politisierten Christen wie der entchristianisierten Gesellschaftsführung demonstrativ und appellierend christliche Haltung vorführte – mit der Kraft großer Lektüre, mit der Brillanz klarster Darstellung, mit der Überzeugungsfähigkeit logischer Gedankenführung, mit dem Pathos unbedingter Sachlichkeit und dem Ethos katholischer Haltung. Die Monographien Guardinis haben bis heute kaum an Aktualität verloren, und liest man sie unter Berücksichtigung des zeitgeschichtlichen Hintergrundes ihrer Entstehungsphase, so ergeben sich zusätzliche Wertaspekte: In ihnen findet sich das nach dem zweiten Weltkrieg vielfach vermißte Christenwort gegen den Nationalsozialismus unmißverständlich artikuliert; jede einzelne von Guardini vorgestellte, ja in das sich damals ständig weiter abbauende Geistesleben neu eingeführte Gestalt abendländischer Kultur bedeutete zudem eine Herausforderung an jedes Mitläufertum – nicht nur an das von Katholiken und anderen Christen.

Daß Guardini die Reihe seiner Interpretationen mit Dostojewskij begann, mag seinen Grund vor allem in der außerordentlichen Popularität des Russen bei der damaligen Jugend gehabt haben: Atheismus und Anarchismus, personale Freiheit und Psychologie, inneres Chaos und Selbstmord, Zivilisationshaß und Lebenssinn waren die großen Themen der Jugend nach dem ersten Weltkrieg, und eben diese fand sie in einer völlig neuen, ja radikalen Weise in den Romanen Dostojewskijs zur unvergeßlichen Sprache gebracht. In seinen Gestalten fand sie selber sich wieder – nach ihrem Vorbild war sie bereit zu leben und zu denken. Hugo von Hofmannsthal hat die Situation treffend zusammengefaßt: „Hat die Epoche einen geistigen Beherrscher, so ist es Dostojewskij. Seine Gewalt über die Seele der Jugend ist unberechenbar, es ist eine wahre Faszination, das fieberhaft Gesteigerte in seinen Romanen ist der Jugend die gemäße Nahrung – das gleiche, was vor hundert und noch vor fünfzig Jahren das Pathos Schillers für sie war –, er stößt durch die soziale Schilderung hindurch ins Absolute, ins Religiöse – die jungen Menschen aller Länder glauben in seinen Gestalten ihr eigenes Innere zu erkennen –, er und kein Anderer ist Anwärter auf den Thron des geistigen Imperators...“

Für Guardini mußte die Beschäftigung mit Dostojewskij deshalb Voraussetzung für eine Begegnung mit den Jugendlichen sein – seine Romane vor allem auch pädagogische Mittel. An ihnen, am Beispiel Dostojewskijscher Gestalten waren die existentiellen Notwendigkeiten, die geistigen Entscheidungen, Fehltritte, Irrtümer und notwendigen Erkenntnisse zu entwickeln, an ihnen war aber auch christliche und unchristliche Haltung studierbar. Guardinis Studie wurde ein unvergleichlicher Führer in diesem Sinne. Die große Essayistin und Dostojewskij-Kennerin Zenta Maurina schrieb später einmal: „Einer der tiefsten wesentlichen Dostojewskij-Deuter ist aber, wie mir scheint, Romano Guardini, der sich Dostojewskij nicht intellektuell nähert, sondern selbst im Einvernehmen mit Christus steht und in seinem Inneren die Einheit der in der Liebe erlösten Schöpfung erlebt. Wir fühlen das Geheimnis des Herzens Gottes in diesem Verfasser, der sich vor dem Heilig-Unerforschlichen beugt und dadurch eine große Dostojewskij-Verwobenheit in seinem schönen Buch erreicht.“

„Dostojewskij-Verwobenheit“ ist das treffende Wort: Guardini, der sein Buch in zwei Hauptteile, die Gläubigen und die Rebellierenden, Gottlosen, gliedert und es mit einem zusätzlichen, einzigartigen Kapitel über Fürst Myschkin, den Protagonisten des Romans *Der Idiot* als „Christussymbol“ abschließt, geht mit langen Auszügen aus den Romanen den Gestalten auf ihren religiösen Grund, um so auf Dostojewskij selber zu treffen, ohne auch nur einen Versuch zu machen, ihn auf eindeutige Formeln festzulegen. Es bleibt beim Gespräch.

Hermann Hesse, der Protestant, schrieb 1933 dazu: „Wenn wir die Versuche unserer Zeit betrachten, sich über die unseligen Spezialisierungen und Parteien hinweg wieder über die Grundlagen des Menschentums, des Glaubens, des Geistes und der Moral zu besinnen, so sehen wir, daß die bemerkenswerten und gründlichen Leistungen nicht von den Gleichmachern und Geschichtslosen ausgehen, nicht von den weder legitimierten noch verantwortlichen Predigern einer allgemeinen, idealistischen Humanität, sondern im Gegenteil von den Vertretern gerade der ältesten Tradition. Es sind einige wenige Geister im heutigen Europa, deren Lebenswerk es ist, die überkommenen Werte der historischen Religion nicht in hübsche Feuilletons aufzulösen, sondern gerade in ihren kennzeichnenden Charakterzügen wiederherzustellen – nicht etwa um sich menschlich abzugrenzen und ein Christentum bloß für die Katholiken oder bloß für die Protestanten usw. usw. zu verkünden, sondern um durch die Reinheit in der Darstellung das Tiefste und Wesentlichste jedes Glaubens neu und verantwortlich sichtbar zu machen und es der Menschheit in Erinnerung zu bringen. In diesem Zusammenhang möchte ich auf das Buch eines führenden Katholiken, R. Guardinis: *Der Mensch und der Glaube*, hinweisen. Ich halte es für das einzige der vielen Bücher über Dostojewskij, das im Mutterboden dieser gewaltigen und unheimlichen Dichtungen heimisch wird und das Grundgeheimnis ihres Wesens erfaßt hat. Es ist aus der vollen Verantwortlichkeit des Katholiken geschrieben und wird doch dem Russischen, ja dem Asiatischen des Dichters in behutsamer Verehrung und Liebe gerecht; das Lebendigste in diesem aufregend lebendigen Buch ist der Kampf zwischen den klaren und exakten Formulierungen des katholischen Glaubens und der Ehrfurcht vor dem Geheimnis und seines großen Dichters. Die wogende übervolle Welt des Sehers wird nicht gewaltsam in die Kategorien der römischen Begriffssprache gepreßt, sondern von ihnen aus erhellt und gedeutet."

Es gibt noch ein weiteres Dokument des tiefen Verständnisses, das Hermann Hesse dem Schriftsteller Guardini entgegenbrachte. Es betrifft die Pascal-Studien, die im Anschluß an die Versuche über Dostojewskij 1935 erschienen sind:

„Unter jenen katholischen Autoren, die sich mit den brennenden religiösen Problemen auseinandersetzen und sie im Sinn der Kirche zu erhellen suchen, ist mir Rom. Guardini vielleicht der liebste. Die Leser erinnern sich seines Buches über Dostojewskij; jetzt ist ein neues erschienen: *Christliches Bewußtsein, Versuche über Pascal*. Ein Buch, dessen Geistigkeit sich um die ‚netteté', von der Pascal spricht, nicht nur bemüht, sondern sie hat, ein Buch von großer Reinlichkeit und großem Takt. Was mir Guardini besonders lieb macht, das ist die vornehme Art, in welcher er eine Interessiertheit für aktuelle und für protestantische Probleme, ja eine gewisse Anfälligkeit für diese Probleme mit der festen Haltung des kirchlich Gebundenen vereinigt. Weniger als irgendein anderer der ihm verwandten Autoren neigt er zum geistigen Hochmut. Und besonders liebe ich an ihm, daß er zum Beispiel die Verzweiflungshaltung der jetzigen dialektischen Theologie zu verstehen, ja mitzufühlen fähig ist, ohne darum seinen Glauben an den Menschen, der nicht nur Sünder und verderbt, sondern auch Gottes Geschöpf und vom Ursprung her zu Gott hingerichtet ist, zu verlieren. Wir wissen zur Genüge, welcher Teufelei der Mensch fähig ist und wieviel Grund wäre, an ihm zu verzweifeln; man kann diese Verzweiflung miterleben, ohne den Bereich des Weltlichen zu verlassen. Aber diese Verzweiflung zum Mittelpunkt und zur Conditio sine qua non der ganzen christlichen Existenz zu machen, das widerstrebt auch mir, dem Protestanten, zutiefst, und würde mich nicht jede Begegnung mit menschlicher (nicht christlicher, sondern natürlicher) Güte darin bestärken, so täte es jeder Takt einer Bachschen oder Händelschen Musik. Doch dies nur nebenbei. Guardinis Buch hat es mit einem der erregendsten Phänomene zu tun: mit dem Versuch, die Erkenntnis Gottes zu erstürmen, die Hingabe an Gott auf dem Weg der reinen Erkenntnis zu vollziehen. Er zieht, um Pascal in der Geschichte dieser Versuche seinen Ort anzuweisen, zwei ähnliche Versuche aus anderen Jahrhunderten heran: den ‚ontologischen Beweis' des Anselmus und das ‚absolute Paradox' Kierkegaards, den Ausgangspunkt der dialektischen Theologie. Das Kapitel, in dem diese drei leidenschaftlichen Versuche miteinander verglichen werden, möchte ich am liebsten ganz hier abdrucken dürfen. Wem diese Probleme wichtig sind, der versäume Guardinis Buch nicht."

Beide Hesse-Texte wurden zitiert, weil sie Wesentliches nicht nur über die Bücher, sondern vor allem auch über Guardini und seine Wirkung auch auf Nichtkatholiken aussagen.

Die Grundfrage, die Guardini an Pascal stellt, von der aus sich ihr großes Gespräch entfaltet, ist so formuliert, daß sie jeder, Christ und Nichtchrist, Glaubender und Nicht-Glaubender sofort nachvollziehen kann, als sei sie hier stellvertretend gerade für ihn, den einzelnen Leser, gestellt, der wohl ein geistiges Interesse am Nichteigenen, am Andersdenkenden ober -glaubenden hat, selber aber keine religiösen Erfahrungen gemacht oder religiöse Entscheidungen getroffen hat: „Wie geht das zu, wenn ein Mensch glaubt – nicht nur religiös ist, oder suchend, sondern glaubt, nach dem klaren und vollen Sinne, den das Wort im Sprachgebrauch der Schrift und der Kirche hat? Wie ist das auf solchem Glauben ruhende christliche Bewußtsein gebaut? Wie vollzieht sich ein Leben, das von solchem Glauben bestimmt ist?“

Schon die Frage verrät eine Absicht, die über Pascal, sein Denken und Leben hinaus in die unmittelbare Realität des Dritten Reiches weist: Das Buch trägt den (im Kontext staatlicher Forderungen nach völkisch-arischem, deutschem und dem Führer subalternen Bewußtsein) aggressiven, appellativen Titel *Christliches Bewußtsein*, und gleich das Vorwort rüttelt die zeitgenössischen Leser wach: Um christliches Bewußtsein zeigen zu können, bedarf es eines „Menschen, der nicht nur existentiell dachte, sondern denkend existierte, dessen Denken Ausdruck von Dasein war“. Die unabdingbare Forderung war, „daß er in wirklicher Geschichte stand. Daß seine Zeit in ihm lebte und er sich getrieben fühlte, sein gläubiges Dasein in ihr zu rechtfertigen; es ihr und aus ihr heraus sich selbst verständlich zu machen. Es genügte nicht, daß er ein frommer Christ war; er mußte auch jenes wache theoretische Interesse haben, das ihm die eigene Existenz zum Problem werden ließ und ihn trieb, sie denkend zu rechtfertigen". Das Modell christlichen Bewußtseins wurde zur Kritik christlichen Seins. Bei Pascal waren alle Bedingungen gegeben, aber Guardini mußte die Gefahr vermeiden, ihn – wie so oft geschehen – als Heiligen zu stilisieren, ihn zum (ja immer lebensfernen, unalltäglichen) Idol aufzubauen. Das Gespräch mit ihm sollte nicht beruhigende Andacht, es sollte beunruhigende Einsicht geben, es mußte virulent werden und den lesenden Teilnehmer mit in die Konsequenzen einbeziehen, statt ihn, einem Idol gegenüber, auszuschließen. So kommt Guardini zu äußerst kritischen Korrekturen des Pascal-Bildes schon vom Ansatz her:

„Pascal war wohl kein Heiliger. Vielleicht war er wirklich nur ein ‚großer Christ'. Hier liegt das eigentliche christliche ‚Problem Pascal'. Man wird ihm solange nicht gerecht, als man in ihm entweder den Heiligen oder das weltreligiöse Genie sieht. Er war wohl keines von beiden, sondern ein Mensch, in welchem die Entscheidung für Christus und wirkliche Größe von der Welt her in bitterem Kampfe lagen. Und zwar gerade dann, wenn er christlich dachte und kämpfte. Gerade dann ist das Dunkelste in ihm durchgebrochen. Gerade in seinem religiösen Schaffen und Kämpfen hat sich Pascals Dämon erhoben."

Zwei Ereignisse im Leben Pascals, Entscheidung und Erkenntnis, sind auch für Guardini von so ausschlaggebender persönlicher Bedeutung, daß sie kurz angedeutet werden müssen: die Entscheidung, die im genialen „Argument du pari", der Pascalschen „Dialektik der Wette", aus den *Pensées* liegt, und die Erkenntnis in jenem mystischen Er-Lebnis aus dem Jahre 1654, das im berühmten *Mémorial* dokumentiert ist.

Beiden widmet Guardini in seinem Buch besondere Kapitel. Zwischen Anselm von Canterburys und Kierkegaards Gottesbeweise spannt er Pascals Dialog über die Wette, aus dem die zentrale Passage gekürzt wiedergegeben werden soll:

„Wenn es einen Gott gibt, ist er unendlich unbegreifbar; denn da er weder Teile noch Grenzen hat, steht er in keinem Verhältnis zu uns ... Laß uns also diesen Punkt prüfen und sagen: Gott ist – oder er ist nicht. Nach welcher Seite hin werden wir uns entscheiden? Die Vernunft kann hier nichts bestimmen. Da ist ein unendliches Chaos [zwischen Gott und uns] und trennt uns. Ein Spiel wird da gespielt [dessen Beziehungspunkte, nämlich der Spieler und der Sachverhalt, auf den hin er spielt] an den Enden dieser unendlichen Entfernung liegen. In diesem Spiel kommt Kopf oder Zahl heraus. Wie setzt Du also? Der Vernunft nach kannst Du weder auf das Eine noch auf das Andere setzen. Der Vernunft nach kannst Du keins von beiden ausschließen ... Aber gewettet muß werden. Es ist nicht freigegeben. Du bist engagiert. Wofür entscheidest Du Dich also? Zwei Dinge hast Du zu verlieren: Das Wahre und das Gute; und zwei Dinge einzusetzen: Deine Vernunft und Deinen Willen, Deine Erkenntnis und Deine Seligkeit. Deine Vernunft wird nicht mehr verletzt [durch die eine Entscheidung] als durch die andere, [und die] Wahl [vermeiden kannst Du nicht], denn [sie] ist unumgänglich. Wie steht es aber mit

Deiner Seligkeit? Wägen wir Gewinn und Verlust ab und nehmen Kopf dafür, daß Gott ist. Schätzen wir beide Fälle ab. Wenn Du gewinnst, gewinnst Du alles. Wenn Du verlierst, verlierst Du nichts. Also setze darauf, daß er ist, und zögere nicht!"

Wahlzwang in der Entscheidung, Entscheidungszwang in der Wahl: Pascal setzt auf Gott – der Einsatz ist er selber. Nicht anders war die Situation des Studenten Guardini – auch er war „engagiert", mußte wählen, entscheiden und setzte den gleichen Preis auf die gleiche Seite der Medaille: auf Kopf. Auf Gott. Seinen Kopf auf Gott. Und die Frage „Auf welchen Gott?" bringt das zweite Ereignis, die Erkenntnis, ins „Spiel".

Als Pascal 1662 neununddreißigjährig starb, fand man ein kleines, handbeschriebenes Pergament in seinem Rockfutter eingenäht, das das Datum des 23. November 1654 trug und neben anderen (hier unwichtigen) Zeilen nach einer genauen Ortsbestimmung mit folgendem Text begann:

Feuer.
‚Gott Abrahams, Gott Isaaks, Gott Jakobs'
nicht der Philosophen und Gelehrten.
Gewißheit. Gewißheit. Empfindung. Freude. Friede.
Gott Jesu Christi.
Deum meum et Deum vestrum.
‚Dein Gott soll mein Gott sein'.
Vergessen der Welt und aller Dinge, ausgenommen Gott.
Er wird nur auf den Wegen gefunden, die im Evangelium gelehrt sind.
Größe der menschlichen Seele ...

Am Anfang dieser Biographie wurde Romano Guardini als ein Vorbereiter jener weltweiten Bewegung bezeichnet, die sich heute als einziger Ausweg aus der allgemeinen Kirchen- und Glaubenskrise zeigt: des konkreten Katholizismus. In Pascals mystischem Er-Lebnis der Unterscheidung zwischen dem biblischen Gott und dem der Philosophen findet diese Bewegung in ihrer geistigen Vielfalt einen elementaren gemeinsamen Nenner: die Hinwendung zum konkreten Gott, zum Gott Jesu Christi.

So ließ Bernanos 1936, lange nach Guardinis ersten Forderungen in gleichem Sinne, seinen Landpfarrer verkünden: „Ich bin nicht der Botschafter des Gottes der Philosophen, ich bin der Diener Jesu Christi", und in heutiger Zeit ist es vor allem der in Frankreich sehr einflußreiche Philosoph J. J. Natanson, der im Sinne des konkreten Katholizismus nachgewiesen hat, daß „nahezu alle großen Glaubenskrisen der Moderne verspätet eingetroffene Krisen der Philosophie oder Krisen des Gottes der Philosophen" seien.

Guardini hat dies alles in seinen Pascal-Studien (von denen einzelne bereits 1927 in den *Schildgenossen* erschienen sind) vorformuliert und mit Forderungen verbunden:

„Gott ist der ‚Gott Jesu Christi'. Wie Philippus bittet: ‚Herr, zeige uns den Vater', antwortet Jesus: ‚Solange schon bin ich bei Euch, und Ihr habt mich noch immer nicht erkannt? Philippus, wer mich sieht, der sieht den Vater' (Joh. 13,9). Ärgernis für den nur philosophierenden Geist, daß er Gott nicht aus den Hinweisen der Natur, aus den Notwendigkeiten der Logik, aus dem kategorialen Gefüge des Bewußtseins, aus den Postulaten des Handelns, aus den spezifischen Gehalten religiöser Werterfahrung erdenken, sondern ihn empfangen soll aus dem Sein, dem Wert, dem Handeln einer konkreten geschichtlichen Gestalt, die damals lebte und nicht früher oder später; in jenem Lande und nicht sonstwo; so geartet und nicht anders. Es ist das Ärgernis des philosophischen Absolutheitswillens an der Unauflösbarkeit der geschichtlichen Tatsache, welche für die Gottesbestimmung maßgebende Bedeutung haben soll.

Der christliche Gott ist ‚der Gott Jesu Christi'. Jener, den Jesus meint, wenn er sagt: ‚Mein Vater'. Jener, von dem Jesus gesendet wird. Von dem her er lebt, und auf den hin er gerichtet ist. Gott ist jener, welcher ist: ‚der Gott und Vater Jesu Christi'. Es ist nicht möglich, einen ‚christlichen Gottesgedanken', eine ‚christliche Wahrheit' vom konkreten Christus loszulösen." Das ist der erste Grundsatz des „konkreten Katholizismus" – seit Pascal, seit Jesus Christus selber. Guardini verdeutlicht das noch in seinem Buch über *Christliches Bewußtsein*:

„Was christliche Lehre ist, bleibt christlich nur, solange sie gleichsam aus Jesu Mund vernommen wird; solange sie lebendig aus ihm, aus seinem Sein und Tun verstanden wird. Es gibt kein von ihm abtrennbares – ich unterstreiche: von ihm abtrennbares –, in einem freischwebenden Begriffssystem auszudrückendes ‚Wesen des Christentums'. Das Wesen des Christentums ist Er. Das, was er ist; das, woraus er kommt und wohin er geht; das, was in ihm und um ihn her lebt – lebendig vernommen aus seinem Munde, abgelesen von seinem Antlitz. Hier ist dem philosophischen Geiste zugemutet, woran eigentlich Philosophie zerbricht: Daß die endgültige Kategorie des Christlichen – und ‚Kategorie' bedeutet die Vorbedingung für alle Aussagen eines bestimmten Gegenstandsbereiches –, daß sie das Besondere, Einmalige der konkreten Persönlichkeit Jesu von Nazareth ist."

Das „Wesen des Christentums" – eine gleichnamige Schrift Guardinis erschien bereits 1929 in den *Schildgenossen* und 1938 als Buch – „das Wesen des Christentums ist Er" –, daran können weder exegetische Meinungsverschiedenheiten noch philosophische Theorien etwas ändern: „Ich bin der Weg, die Wahrheit und das Leben. Niemand kommt zum Vater, es sei denn durch mich" (Joh. 14,6) – „Niemand kennt den Vater als der Sohn, und wem es der Sohn will offenbaren" (Matth. 11,27) – die Zukunft der Kirchen, der christlichen Religion hängt heute, mehr denn je gefährdet, von der Einsicht in die Pascalsche Gottesunterscheidung und ihre Konsequenzen ab.

Bild und Kritik Pascals hat Guardini knapp zusammengefaßt: „Er ist nicht Lehrer, wie er denn auch keinen Schüler gehabt hat. Er ist kein methodischer Führer, sondern anrührende Macht, bewegende Erschütterung. Ein Konstrukteur von größter Energie, der doch in der Geschichte nicht als solcher wirkt, sondern als Beweger. Ein Geist von absolutem Willen zur Eindeutigkeit, der dennoch in beunruhigender Unbestimmtheit steht ... Im Grunde genommen hat Pascal das Spiel seines Lebens remis gehen lassen. Er hat die Probleme stehengelassen und sein Herz in Gottes Hand gegeben. Den Abschluß hat er nicht durch Beweis und Definition, sondern durch das Schweigen gezogen. Das Schweigen der letzten sechs Monate – das ist es, was, vom Ende her, dieses ganze in abgründiger Not und immer neuem Kampf sich zutragende Leben bestimmt."

Noch im Erscheinungsjahr des Pascal-Buches erscheint

eine weitere „Gestalt-Deutung“ Guardinis: *Die Bekehrung des Aurelius Augustinus — Der innere Vorgang in seinen Bekenntnissen*, und man könnte sie unter den vielen Interpretationen Guardinis die „privateste“ (neben der Hölderlins) nennen, wenn nicht das Wort „privat“ in seinem Falle überhaupt völlig unzulässig wäre und an seinem eigentlichen Wesen ganz vorbeiträfe. (Wenn sich im Bereich der Öffentlichkeit das Private gesondert äußert, dann in der Form von Bekenntnissen. Im Leben und Werk Guardinis ist aber eine Trennung von Privatissimum und Öffentlichkeit nicht ersichtlich: Jedes seiner Bücher hat – wenn auch unterschiedlich – starken Bekenntnischarakter. Hinter jedem öffentlichen Wort ist die private Persönlichkeit antreffbar – er ist Person, ganz ungeteilt.)
Und dennoch möchte man den Augustinus-Studien, die 1943 um die „Interpretation der ersten fünf Kapitel der Confessiones“ erweitert wurden, privateren, sozusagen verwandtschaftlichen Charakter zusprechen. Wo immer man das Gesamtwerk Guardinis sonst auch aufschlagen mag, immer ist es gerade so, als hätte Augustinus selber Pate gestanden; bei der Gegensatzlehre mit der Besinnung auf Mitte und Maß nicht weniger als bei den liturgischen und personalistischen Schriften. Immer wurde Guardinis Einfühlungsvermögen in Werke und Persönlichkeiten seiner Monographien bewundert – so innig wie zu Augustinus stand er allenfalls noch zu Hölderlin, und auch da in noch anderer Weise.
Augustinus (354–430) ist für Guardini (wie für den gesamten nicht-thomistischen Teil des Katholizismus) der erste Grundpfeiler seines theologischen Denkens. So lehnt er in seinen Augustinus-Schriften auch jede bisher

verwandte ethische, psychologische oder sonstige geistesgeschichtliche Deutungsmethode ab und läßt nur eines gelten, Augustinus selber: „Sein Leben vollzieht sich in jener schöpferischen Arbeit, welche das Dasein in der Form des Gedankens neu aufbaut und wiederum aus dem Gedanken das Dasein bildet. So muß die Geschichte seiner Bekehrung zugleich als Geschichte seines Denkens und geistigen Schaffens verstanden werden. Die Darstellung seines sittlichen Kampfes, die Deutung der in ihm sich vollziehenden psychologischen Vorgänge und das Verständnis seines Ringens um einen geistigen Standort, aus dem die denkerische Gestaltung des Daseins erfolgen kann – das alles muß zusammengehen, wenn die Wirklichkeit ‚Augustinus' deutlich werden soll.

Und noch etwas anderes: Der Gott des Christentums, zu dem er sich bekehrt hat und vor dem er seine Bekenntnisse niederschreibt, ist nicht das absolute Wesen der Philosophie, sondern der Heilige und Lebendige Gott des Alten und Neuen Testamentes. Es ist der Gott, der sich erhebt, in die Geschichte kommt und in ihr handelt. Es ist der Gott, der den einzelnen Menschen anruft und ihn in eine Geschichte hineinzieht. Diese Geschichte trägt sich so oft zu, als Menschen sind. Jedesmal wird alles, was es gibt, die Dinge der Welt und die Menschen sonst, in sie gezogen; jedesmal ist alles um ihretwillen da, so daß alles, was es gibt, Welt und Menschendasein, in ihr Mitte und Namen enthält. Wenn einer, dann ist Augustinus hiervon überzeugt. Er, der es unternommen hat, in seiner *Civitas Dei* die von Gott kommende Geschichte der Menschheit zu erfassen, hat auch sich selbst in einer Geschichte gesehen. Der Versuch, sie zu schildern, sind die *Confessiones*. Wer sie also deuten will, muß von diesem göttlichen Tun, von diesem tausendfältigen und zugleich so einheitlichen Fügen und Weben, von diesem im stillsten Innersten und zugleich in den äußeren Ereignissen und Entwicklungen arbeitenden Gotteswillen wenigstens etwas fühlbar werden lassen."

Selten ist Guardini jemals so, wie er es im Vorwort des ersten Augustinus-Buches selber sagt, „anmaßend" geworden, so unerbittlich bestimmend wie hier, und es mag dies seinen ersten Grund in eben der innigsten Beziehung zu Augustinus haben. Einen zweiten hat es sicherlich darin, daß dies alles besonders gegen die bisherigen Augustinus-Interpreten gesagt ist, die größtenteils berufsmäßige Theologen waren; daß er hier sozusagen auch als anerkannter Fachmann sprechen durfte, als „Kollege" zu „Kollegen" – wo er sonst stets mehr die Position des Laien gegenüber Philosophen und Literaturwissenschaftler einnahm.

Keiner war mehr berufen als Guardini, den „im stillsten Innersten und zugleich in den äußeren Ereignissen und Entwicklungen arbeitenden Gotteswillen" an den *Confessiones* des Augustinus „fühlbar werden zu lassen" – dafür spricht sein ganzes Leben, sein vielfältiges Werk, vor allem aber sprechen eben seine Augustinus-Bücher selber dafür: Sie sind erregende Bekenntnisse über die *Bekenntnisse* des Kirchenvaters, Einführungen, Einfühlungen und in vielem das letzte, gültige Wort. In der überreichen Augustinus-Literatur findet sich wenig Ebenbürtiges.

Unter den drei Dichtern, denen sich Guardini nach dem *Augustinus* zuwandte – in verschiedenen Einzelessays zwischen 1931 und 1956 Dante, worunter die bedeutendste Studie den *Engel in Dantes Göttlicher Kommödie* (1937) zum Gegenstand hat, 1939 Hölderlin und 1941 Rilke –, ist

Hölderlin sicherlich der ihm am nächsten stehende. Seine Deutung, nach dem Christus-Buch *Der Herr* die umfangreichste, fand die breiteste literarische Zustimmung und zählt bis heute zu den schönsten und klarsten Einführungen in das nicht immer leicht verständliche Werk des großen Dichters.

Es ist notwendig, einen kurzen Blick in die Hölderlin-Rezeption der ersten Hälfte unseres Jahrhunderts zu tun, um den einsamen Standort der Guardini-Studie zu kennzeichnen. Robert Minder hat die Lage in seinem großen Aufsatz über *Hölderlin unter den Deutschen* kurz skizziert: „Hölderlin war unter den Tritt der braunen Marschkolonnen geraten. Hanns Johst rezitierte ekstatisch dem sogenannten Führer am 50. Geburtstag Teile aus dem *Hyperion*. Ein großer, bedächtiger Gelehrter – H. A. Korff – widmete noch 1940 den dritten Band seiner *Goethezeit* den ‚Helden unseres Freiheitskampfes am Tag der Einnahme von Paris 14. Juni 1940' mit dem anschließenden Hölderlin-Zitat: ‚Die Schlacht ist unser; / nun freuest, mein Vaterland, / der stolzen Jugend dich denn / Herrlich hubst du sie an.' Der Soldatentod Norbert von Hellingraths – eines genialen George-Schülers wie Gundolf – und die zahllosen anderen heroischen Opfer auf dem Schlachtfeld erklären die affektgeladene Vehemenz der Identifikation mit dem Kämpfer für Deutschland. Stefan George selbst hat nach 1918 sein Hölderlin-Bild im Sinn vaterländischer Erneuerung durch Blut, Opfertod und elitäres Führertum weitergestaltet bis zu einer gefährlichen Grenzscheide hin, die nach 1933 massiv und skrupellos von anderen überschritten wurde. Am Ende des Teufelskreises stand 1943 der Klumpfüßige als Schirmherr der Hölderlin-Gesellschaft. Und wenn der Dichter ‚ungezählten Ungenannten oder auch Bekannten‘ ein Helfer gegen die Zeit wurde und dem George-Schüler Graf Stauffenberg zuletzt die Waffe in die Hand gab – wie viele sahen nichts, hörten nichts, ließen Bücher verbrennen, die ganze Kultur abbauen und schwelgten in Hölderlin.“

Drei Jahre nachdem sich Martin Heidegger in einem ersten Aufsatz zu Hölderlin verstiegen hatte, kam Guardinis Hölderlin-Buch unter dem nur wenigen alles sagenden Titel *Weltbild und Frömmigkeit* in Leipzig (1939) heraus, und es wurde damit ein Hölderlin gegen die Zeit gestellt, der mit dem der offiziellen Linie nichts als den Namen, mit dem historischen, konkreten Dichter aber nichts weniger als das unverfälschte Wesen gemein hatte.

„Es kam darauf an, zu hören, was Hölderlin sagt“, schrieb Guardini, seine Methode erklärend, aber auch mit großem Ernst zurechtweisend, in sein Vorwort, was Hölderlin selber sagt, „wirklich er, und nur er, und er ganz“. Und Guardini wird auch in seinem Vorwurf an die an- und eingepaßten Interpreten konkreter: „Was Hölderlin meine, wie er verstanden werden müsse, was in seinem Werke wichtig und was unwichtig sei, konnte nur seinen eigenen Worten, dem Zusammenhang seiner Gedanken und Bilder, der Form und Atmosphäre seiner Dichtung entnommen werden. Regel und Gewähr aber dafür, daß das auch wirklich geschehe, war der Satz, der überhaupt das erste Axiom alles echten Interpretierens ist: daß nämlich, bis zum Beweis des Gegenteils, das Wort eines redlichen Menschen meint, was es sagt – um wieviel mehr, wenn es ein Großer ist, der da redet; und also der Interpret, sobald er von jenem Satze abgeht, nicht nur in Gefahr kommt, anmaßend zu werden, sondern auch die Maßstäbe seiner eigenen Figur an die des Großen anzulegen und damit diese aus den Augen zu verlieren. Wie manche scheinbar wissenschaftliche Arbeit ist ein solches gespenstisches Hantieren an einem verschwundenen Gegenstande! ...

Ich wollte Hölderlin nach Dingen fragen, die er zu wissen scheint und die sonst nicht leicht jemand weiß ..."

Wie in seinen anderen Monographien verzichtet Guardini auch in seiner größten über Hölderlin (1770–1843) weitestgehend auf Nebenliteratur, wie die anderen enthält auch diese „sehr viele Texte, denn mir lag daran, das Hölderlinsche Wort so reich und voll sprechen zu lassen, als es nur immer anging". Und es steht dort – inmitten der Kommentare, Verknüpfungen und übergreifenden Hinweise – nicht selten so massiv, ja manchmal sogar satirisch wirkend gegen die Zeit und damals übliche Staatsweisheiten wie die Zitat-Passagen in der *Fackel* von Karl Kraus.

Es genügt, eins der linientreuen Hölderlin-Bücher des Dritten Reiches gelesen zu haben, um die widersprechende Gewalt des bloßen Zitats in *Weltbild und Frömmigkeit* nach-spüren zu können.

Minders Wort vom „Helfer gegen die Zeit" trifft ganz und nahezu ausschließlich den Hölderlin Guardinis, schließt Guardini selber mit ein.

Durch die Zeit zurück, vorbei an Dostojewskij, Kierkegaard, Hölderlin, Pascal, Dante, Bonaventura, Augustinus und Jesus Christus – große Begegnungen auf einer geistigen Linie –, trifft Guardini auf Platon (427–347 v. Chr.) und dessen Lehrer Sokrates (470–399 v. Chr.).

Auch diese Studie erschien während des Dritten Reiches, im Kriegsjahr 1944 in Berlin. Sie trug den Titel *Der Tod des Sokrates*. Ganz ohne auf die nachplatonische Philosophie oder Christliches einzugehen, interpretiert Romano Guardini hier die vier Platonischen Schriften *Euthyphron, Apologie, Kriton* und *Phaidon* aus sich selber, sie zeichnen Sokrates in der Situation der Todesbedrohung und Todesnähe und werden befragt, „wie Sokrates den Tod sieht, wie ihm angesichts des Todes sein Leben erscheint und wie er das Ende besteht. Dabei geht es einmal um die theoretische Aussage, was der Tod bedeute, wie weit die Todesmöglichkeit in das Sein des Menschen hineinreiche und ob es darin Unzerstörbares gebe – aber auch um die konkrete Haltung, die hinter dem Fragen und Aussagen selber steht; um die Existenz dessen, der hier fragt und aussagt und nicht irgendeiner, sondern eben Sokrates ist".

Drei Jahre vor seinem Tode kam Guardini bei der Feier seines achtzigsten Geburtstags in der Münchener Universität noch einmal auf Platon, der „seine Lehre einer lebendigen Persönlichkeit, seinem Lehrer Sokrates, in den Mund gelegt hat, einem Mann, der ein unersättliches Verlangen nach der Wahrheit, ein unermüdbares Denken und höchst persönlichen Mut mit einem seltsamen persönlichen Wesen verband", zu sprechen, und in dieser Rede – *Wahrheit und Ironie* betitelt – findet sich das konkrete Motiv für das Sokrates-Buch formuliert. Guardini überlegt, wie das „eigentümliche Phänomen" der „Platonischen Ironie" zu skizzieren wäre, und beginnt:

„Zuerst wäre von der geistigen Energie zu reden, mit der Platon sich der sophistischen Zerstörung aller echten Werte und Normen entgegengeworfen hat. Vor allem der Zerstörung dessen, was ‚Wahrheit' heißt, dadurch geschehen, daß die Sophisten als obersten Zweck alles Denkens und Sagens den Nutzen verkündet hatten, den Erfolg im sozialen Leben, den Gewinn von Geld und Einfluß. Dem hat Platon entgegengestellt, daß es echte, gültige Wahrheit gibt; und nicht nur mit Bezug auf wissenschaftliche Sachprobleme, sondern auch auf die Fragen nach dem Sinn des Daseins und der rechten Führung des Lebens, des Einzelnen wie der Gesamtheit."

Einem ähnlichen „Sophismus" setzte Guardini seinen *Sokrates* entgegen, und er machte damit das Denken über Wahrheit, das Bedürfnis nach Wahrheit und das Leben (nach Platon heißt es „Sterben") für Wahrheit in einer Zeit zum Thema, die längst vor solchen Maßstäben kapituliert und ihre Kriterien aus anderen Bereichen empfangen hatte. (Daß Guardini die Platonischen Texte für seine Studie selber neu übersetzte, sei nur am Rande vermerkt.)

Die letzte der großen Interpretationen Guardinis erschien zwar in Vorentwürfen ebenfalls während des Krieges, erhielt ihre letztgültige Form jedoch erst 1953. Sie galt den *Duineser Elegien*, jener Dichtung, in der das Gesamtwerk Rainer Maria Rilkes (1875–1927) kulminierte und die mit dem Anspruch auftrat, weit mehr als Literatur, nämlich „der Sturm einer Offenbarung", „ein rätselhaftes Dikatat", zu sein. Von dieser Anmaßung sah sich der Christ Guardini herausgefordert: „Der Anspruch ist so ungeheuer, daß der Leser das Recht hat, nach seiner Legitimation zu fragen."

Über ein Jahrzehnt dauerten die Auseinandersetzungen an: „Mancherlei Motive haben mich trotz drängender Arbeit dabei festgehalten: die Freude an der Schönheit dieser Dichtungen; die Lust an der Interpretation als solcher und andere noch.

Das wichtigste aber war das Verlangen nach philosophischer Erkenntnis", gestand Guardini im Nachwort zu

*Rainer Maria Rilkes Deutung des Daseins*, und was er als Begründung für sein philosophisches Verlangen nach Erkenntnis aus Dichtungen anführte, gilt für seine gesamten Welt- und Persönlichkeitsdeutungen, wo sie literarischen Vorlagen folgen:

„Wie immer das Wort der Dichtung zu verstehen sei: auf jeden Fall macht es das Ding, das Erlebnis, das Schicksal dichter und klarer zugleich. Es zieht die zerstreute, vielfach verdunkelte und verwirrte Wirklichkeit des Daseins zu Gestalten zusammen, die mehr zu sagen vermögen, als ‚selber die Dinge innig meinten zu sein', wie es in der neunten Elegie heißt. Echtes Dichterwort ist Aussage, und nicht nur darüber, was sein Urheber persönlich gefühlt und gemeint hat, sondern auch darüber, was ist. Daß es Aussage sei, bildet die Voraussetzung für die Frage, die der Philosoph an ein Dichtwerk richtet. Altertum wie Mittelalter waren überzeugt, und die unmittelbare Meinung des empfänglichen Menschen ist es noch heute, man könne aus dem Wort des Dichters Tieferes erfahren als durch die eigene Betrachtung der Dinge. Daraus ergibt sich aber von selber, daß der Dichter nicht nur gefragt werden darf: Was sagst Du über das Dasein aus? –, sondern auch: Ist das, was Du sagst, wahr?"

Und mit Guardinis Antwort auf diese konkret gerichtete Frage schließt sich der bei Dostojewskij begonnene Deutungskreis von Sokrates bis hin zu Rilke, vom antiken Menschen hin zum christlichen der Neuzeit, weiter zum christlichen Menschen am Ende der Neuzeit.

Mehr als Gestaltung gegen die Zeit (des Dritten Reiches) aus christlichem Widerspruch hatte Guardini in den Grund seiner Deutungen gelegt, mehr als geistige Revolte des christlichen Bewußtseins in jener politischen Atmosphäre aktivieren wollen: Es ging ihm um die Orientierung am Anfang eines neuen Weltzeitalters, um die Überwindung der Neuzeit schlechthin.

Pascal, Hölderlin, Kierkegaard, Nietzsche, Dostojewskij und Rilke – sie alle repräsentieren den neuzeitlichen Geist „in der Brechung jeweils durch einen Denkend-Existierenden, der sein eigenes Dasein und seine Sicht der Welt in einer positiven oder negativen Relation zur christlichen Existenz bestimmt" (Kuhn).

Ihre Werke markieren Anfang, Verlauf und Ende der Neuzeit, machen ihre fruchtbare Tiefe, aber auch ihre Gefahr deutlich, vor allem die Gefahr, in welcher die Person steht.

Die *Duineser Elegien* sind verräterisch: „Hier spricht Rilke nicht nur für sich selbst, sondern für unsere ganze Zeit. Ohne daß es ihm bewußt zu sein braucht, offenbart sich in seinen Worten etwas, das, sagen wir, seit dem Ausgang des ersten Weltkrieges überall vor sich geht: die Personalität kommt ins Fließen."

# Das Ende der Neuzeit

Eines seiner ersten Bücher, die Romano Guardini nach dem zweiten Weltkrieg herausgab, waren die *Gedanken* des Blaise Pascal in der Übersetzung Wolfgang Rüttenauers – als handliche, vor allem aber preiswerte Ausgabe.

Der Krieg war zu Ende – alles verloren. Viele glaubten, damit sei auch alles gewonnen. „Und in der Tat schien, mitten in diesen gräßlichen Augenblicken, in welchen alle irdischen Güter der Menschen zu Grunde gingen und die ganze Natur verschüttet [war], der menschliche Geist selbst, wie eine schöne Blume, aufzugehen." Der Satz vom schönen Schein aus Heinrich von Kleists *Erdbeben in Chili* fand auch nach dem zweiten Weltkrieg seine schlimme Entsprechung: Die Nachkriegsjahre waren vom Wiederaufbau im bloß wirtschaftlichen Sinne gezeichnet. Die Zivilisation blühte neu im Takt des Wirtschaftswunders auf, während die Kultur auf der Strecke zu bleiben schien. Niemand hat die geistige Situation jener Jahre ehrlicher beschrieben als Klaus Mann, der große Sohn Thomas Manns, kurze Zeit vor seinem Selbstmord am 21. Mai 1948, in seinem Essay *Die Heimsuchung des europäischen Geistes*:

„Die europäischen Intellektuellen sind gequält und beunruhigt. Das Freudsche ‚Unbehagen in der Kultur', dieses un- oder halbbewußte Unlust- und Angstgefühl, das der modernen Zivilisation seit einigem inhärent ist, hat nun den Charakter einer akuten Krankheit, eines zersetzenden Leidens angenommen. Je reifer und verantwortlicher der individuelle Geist, desto schmerzlicher empfindet er die allgemeine Mißlage. Woran soll er glauben, der europäische Intellektuelle?"

Guardini hatte diese Mißlage nicht nur kommen sehen, er hatte sie lange vorher bereits empfunden, „herzerreißend" (v. Balthasar) seit 1923, seit den ersten *Briefen vom Comer See,* die zuerst in den *Schildgenossen* publiziert wurden und heute zu den erschütterndsten Dokumenten moderner Kultur gezählt werden müssen. Schon damals schrieb Guardini: „Was wir heute als Zerstörung empfinden, ist es deshalb, weil in das alte Welt- und Menschenbild ein neues, anders geartetes Sein und Geschehen einbricht. Dieses Neue wirkt zerstörend, weil es auf einen Menschen trifft, der ihm nicht zugehört. Genauer: es ist chaotisch und wirkt zerstörend, weil der Mensch, der zu ihm gehört, noch nicht da ist. Das Neue wirkt zerstörend, weil es menschlich noch nicht entfesselt ist. Das ganze technische Geschehen, die losgebrochenen Kräfte können nur durch eine neue menschliche Haltung gemeistert werden, die ihnen zugeordnet ist. Der Mensch muß einen neuen Einsatz von Geist und Freiheit vollziehen. Dieser muß aber dem neuen Geschehen verwandt sein, der Art, dem Stil und der ganzen Richtung nach. Er muß seinen lebendigen Ausgangspunkt, den Hebelpunkt seines Griffes dort haben, wo jener Vorgang entspringt."

In diesem Sinne schrieb er auch in die von Klaus Mann geschilderte geistige Atmosphäre der beginnenden fünfziger Jahre einen weiteren „Versuch zur Orientierung", die beispiellos wirksame Schrift vom *Ende der Neuzeit*, keine Abhandlung, sondern eine Folge von Vorlesungen, die er im Wintersemester 1947/48 vor Tübinger, im Sommer 1949 vor Münchener Studenten gehalten hatte.

Was in dem Titel vom *Ende der Neuzeit* anklingt, hat nichts mehr mit dem methodischen Kulturpessimismus, mit der skandalösen Untergangsstimulanz eines Oswald Spengler zu tun. Es schließt aber auch einen blinden, naiven und oberflächlichen Kulturoptimismus von vornherein aus.

Das Ende der Neuzeit ist kein Untergang – sowenig wie das Mittelalter oder die Antike untergangen ist –, sondern der Übergang zu einem neuen Zeitalter, ein Übergang, wie er sich bereits in der Veränderung der Begriffe Natur, Kultur und Mensch vollzogen hat, im Umschlagen des Lebensgefühls der Geborgenheit in der Unendlichkeit zum Lebensgefühl der Angst und Entfremdung des modernen Menschen in der bewußten Endlichkeit.

In diesem Umschlagen liegt die Ernüchterung des Menschen: Die Naturfrömmigkeit noch des 19. Jahrhunderts ist in der Bewußtwerdung der Endlichkeit zugrunde gegangen. Die Natur ist nicht mehr das Allumfassende, Bergende, Schützende (etwa Goethes) – sie ist hinfällig, beängstigend und fremd.

„Das Zeitalter der Angst“ – *The Age of Anxiety*, wie W. H. Auden es genannt hat, ist angebrochen. Franz Kafka wurde der Dichter dieser Angst in den ersten vierundzwanzig Jahren unseres Jahrhunderts, der Angst, die an nichts Konkretes außerhalb der personalen Existenz gebunden ist, der Existenz, die Angst ist.

Aber „daß unsere Existenz den Charakter der Angst hat, bildet nicht das Erste, sondern das Zweite: denn die Endlichkeit, die sich hier ängstigt, ist an ihrer Angst selber schuld. Sie ist die empörte Endlichkeit, die eben durch ihre Empörung in die Preisgegebenheit geraten ist", sagt Guardini.

Nimmt sich die Endlichkeit an, bejaht sich der Mensch in der Endlichkeit, überwindet er die neuzeitliche Angst und wird Herr über sich selber, gewinnt er mit der Freiheit auch die Macht über das, was ihn am Ende der Neuzeit in Diensten hatte.

Der nachneuzeitliche Mensch ist der, der sich in Erkenntnis, Bewußtsein und Haltung den neuzeitlichen Kategorien entzieht: „Er ist endliches Wesen, aber echte Person; unaufhebbar in seiner Eigenständigkeit, unverdrängbar in seiner Würde, unvertretbar in seiner Verantwortung. Niemand, der sich seines Menschentums bewußt ist, wird sagen, er findet sich im Bilde der neuzeitlichen Anthropologie wieder. Immer nur Einzelnes von sich, Eigenschaften, Zusammenhänge, Strukturen – nie einfachhin sich selbst. Man spricht vom Menschen, aber er wird nicht wirklich gesehen. Die Bewegung geht auf ihn zu, aber er wird nicht erreicht. Man hantiert mit ihm, aber er kommt nicht in den Griff. Man erfaßt ihn statistisch, ordnet ihn in Organisationen ein, gebraucht ihn zu Zwecken, aber es zeigt sich das seltsame, groteskfurchtbare Schauspiel, daß alles an einem Phantom geschieht. Den Menschen der neuzeitlichen Anschauung gibt es nicht. Immerfort macht sie den Versuch, ihn in Kategorien einzuschließen, in die er nicht gehört: mechanische, biologische, psychologische, soziologische – alles Variationen des Grundwillens, aus ihm ein Wesen zu machen, das ‚Natur' ist, und sei es Geistnatur. Nur eines sieht sie nicht, was er doch zuerst und unbedingt ist: endliche Person, die als solche existiert, auch wenn sie es nicht will, auch wenn sie ihr eigenes Wesen leugnet.

Angerufen von Gott, in Begegnung mit den Dingen und mit den anderen Personen. Person, welche die herrliche und furchtbare Freiheit hat, die Welt bewahren oder zerstören, ja sich selbst behaupten und erfüllen oder preisgeben und zugrunde richten zu können.
Wäre die Kultur, als was die Neuzeit sie gesehen hat, dann hätte sie den Menschen nie in einer solchen Weise verfehlen, ihn nie derart aus dem Blick und den Ordnungen verlieren können, wie sie es getan hat."
Der Mensch hat Macht und kann sie nicht gebrauchen – er muß sie in seine Gewalt bekommen, er muß sie gebrauchen lernen. (Guardini widmet der „Macht" nach den Ausführungen im *Ende der Neuzeit* 1951 eine eigene Veröffentlichung, in der er seine kulturkritischen Gedanken weiter entfaltet.)
Gelingt ihm das, gelingt es ihm, „das Herrschaftswerk richtig zu machen, dann wird es gewaltig – oder aber alles geht zu Ende". Darin liegen Chance und Gefahr der Zukunft – alles hängt davon ab, inwieweit sich der Mensch als Person begreift und zur Persönlichkeit entfaltet und zentriert – auch in der Masse, die „neben der Gefahr der absoluten Beherrschbarkeit und Verwendbarkeit die Chance zur vollen Mündigkeit der Person in sich trägt".
Der Massenmensch „fügt sich mit Selbstverständlichkeit in die Organisation ein, welche die Form der Masse ist, und gehorcht dem Programm als der Weise, wie der ‚Mensch ohne Persönlichkeit' in Richtung gebracht wird". Nur der Mensch als Persönlichkeit aber kann zur Welt- und Daseinsgestaltung kommen, nur er ein neues Zeitalter meistern, die Ängste des alten überwinden.
Guardinis Schrift vom *Ende der Neuzeit* hat viel Begeiste-

rung, hat auch starke Kritik gefunden: Diejenigen, die vom Titel her Untergangslitaneien und Schöne-alte-Welt-Beteuerungen erwartet hatten, wurden ebenso enttäuscht wie jene, die beruhigende Utopien oder Schöne-neue-Welt-Versprechungen erhofft hatten: Geradezu kaltrealistisch und völlig illusionslos vermied Guardini beides, prangerte er rücksichtslos Vermassung und Entpersönlichung in allen geistigen, kulturellen, politischen und wirtschaftlichen Bereichen an und lehnte dennoch jeden puren Individualismus strikte ab:

„Mehr als je muß der Einzelne sich als Person wollen, Urteil gewinnen, aus dem Gewissen heraus handeln und auf sich nehmen, was daraus kommt. Aber nicht individualistisch, enthusiastisch, sondern innerhalb der Ordnungen, in Sachlichkeit. Er darf, nein, er soll Kritik üben, Richtigeres durchzusetzen suchen, Widerstand leisten, aber nicht wider die Ganzheiten, sondern aus ihnen selbst, ihrem Eigensten heraus. Das wird viel mühsamer sein, viel mehr Verstand und Arbeit verlangen, viel unscheinbarere Tugenden voraussetzen als bei den Freiheitskämpfen des neunzehnten Jahrhunderts. Aber es wird gelingen. Der Staat ist von Wesen auf die Person bezogen, ob seine jeweiligen Führer es wollen oder nicht. Daraus erwachsen immanente Notwendigkeiten, und mit ihnen muß der Einzelne sich verbünden."

Und der Christ am „Ende der Neuzeit"?

„Die Situation der Gesamtgeschichte; das Stadium, in das die Macht des Menschen und deren Möglichkeiten der Zerstörung getreten sind, zwingt den Christen, sein Verhältnis zur Welt einer genauen Prüfung zu unterziehen. Bisher hat das christliche Bewußtsein Aufgaben ‚in' der Welt erkannt, positive und negative; nicht aber ist ihm

klargeworden, daß ihm die Welt als solche zur Aufgabe gesetzt und in die christliche Verantwortung gegeben ist.
Vielleicht hängt eines Tages die Rettung der Welt im elementarsten Sinne – ihre Rettung vor dem Untergang – davon ab, ob der Christ sie in seine Verantwortung nimmt und für sie einsteht."
Es ist die Freiheit, die den Christen in Verantwortung nimmt, es ist sein christliches Personsein, sein In-Gottes-Anruf-Stehen, das ihn verpflichtet. Denn „die wirklich rettenden Möglichkeiten liegen im Gewissen des Menschen, der lebendig mit Gott verbunden ist. So wird – wie der Unglaube – auch der Glaube zu einem geschichtsentscheidenden Faktor".
Guardini hat nicht aufgehört, den Christen diese neue Aufgabe zu predigen. Zahllose kleine und größere Arbeiten verfolgen diesen einen Sinn in der Beschäftigung mit immer neuen, konkreten Gegenständen. Wie kaum einer seiner kerygmatischen Zeitgenossen war er weltnah und -offen gerade in seinen Appellen.
Seine Predigten waren vielbesuchte Ereignisse mit nachhaltigen Wirkungen – immer in Richtung dieser neuen Aufgabe.
Er trägt sie als Eröffnungsredner 1952 dem Berliner Katholikentag vor, er kleidet sie in die Dankrede zur Verleihung des „Friedenspreises des Deutschen Buchhandels" ein, ebenfalls 1952, ein Jahr nachdem Albert Schweitzer diesen Preis erhielt. Er spricht 1962 anläßlich des Erasmus-Preises in Brüssel davon, und noch 1966, im zweiten Band der Essay-Sammlung *Sorge um den Menschen*, ist eigentlich von nichts anderem als von ihr die Rede: der Aufgabe des Christen in einer gefährdeten Welt.

Die Christen wie die Welt haben ihm beide mit Ehrungen die lebenslange Predigt von dem Christlich-Notwendigen gedankt – wenn auch nur mit Auszeichnungen. Neben den schon genannten Preisen verlieh ihm die Philosophische Fakultät der Freiburger Universität, an der sein Studium christliche Wege genommen hatte, 1954 den Ehrendoktortitel, zwei Jahre später machte ihn seine Heimatstadt Verona zum Ehrenbürger.

Das alles konnte ihn selber nicht vor der Vereinsamung schützen – er starb am 1. Oktober 1968 in München mit dem Gefühl, sein eigenes Werk überlebt zu haben, aber in der Hoffnung, daß es noch einmal wirksam werde.

# Literatur

Von Romano Guardini nur die wichtigsten Schriften. Eine ausführliche Bibliographie findet sich bei H. U. v. Balthasar, *Reform aus dem Ursprung*, und bei F. Wechsler, *Romano Guardini als Kerygmatiker*:


1918 *Vom Geist der Liturgie*, Freiburg.

1922 *Von heiligen Zeichen*, Mainz.

1925 *Der Gegensatz. Versuche zu einer Philosophie des Lebendig Konkreten*, Mainz.

1927 *Briefe vom Comer See*, Mainz.

1928 *Grundlegung der Bildungslehre*, in: *Die Schildgenossen*.

1932 *Das Gebet des Herrn*, Mainz. *Der Mensch und der Glaube. Versuche über die religiöse Existenz in Dostojewskijs großen Romanen*, Leipzig.

1935 *Christliches Bewußtsein. Versuche über Pascal*, Leipzig. *Unterscheidung des Christlichen. Gesammelte Studien*, Mainz.

1936 *Die Bekehrung des Aurelius Augustinus. Der innere Vorgang in seinen Bekenntnissen*, Leipzig.

1936 *Das Bild von Jesus dem Christus im Neuen Testament*, Würzburg.

1937 *Der Engel in Dantes Göttlicher Komödie*. Dante-Studien, Bd. I, Leipzig. *Der Herr. Betrachtungen über die Person und das Leben Jesu Christi*, Würzburg.

1939 *Hölderlin. Weltbild und Frömmigkeit*, Leipzig. *Welt und Person. Versuche zur christlichen Lehre vom Menschen*, Würzburg.

1941 *Zu Rainer Maria Rilkes Deutung des Daseins. Eine Interpretation der 2., 8. und 9. Duineser Elegie*, Berlin.

1944 *Der Tod des Sokrates. Eine Interpretation der Platonischen Schriften. Eutyphron, Apologie, Kriton und Phaidon*, Berlin.

1946 *Die Waage des Daseins*, Tübingen und Stuttgart. *Der Heilbringer in Mythos, Offenbarung und Politik. Eine theologisch-politische Besinnung*, Stuttgart.

1948 *Über das Wesen des Kunstwerks*, Stuttgart und Tübingen. *Freiheit, Gnade, Schicksal. Drei Kapitel zur Deutung des Daseins*, München.

1950 *Das Ende der Neuzeit. Ein Versuch zur Orientierung*, Würzburg.
1951 *Die Macht. Versuch einer Wegweisung*, Würzburg.
1954 *Die Verantwortung der Universität*, Würzburg. *Begegnung und Bildung*, Würzburg.
1958 *Religion und Offenbarung*, Bd. I, Würzburg.
1959 *Wunder und Zeichen*, Würzburg.
1960 *Die Annahme seiner selbst*, Würzburg.
1962 *Sprache – Dichtung – Deutung*, Würzburg. *Sorge um den Menschen*, Bd. I, Würzburg.
1965 *Stationen und Rückblicke*, Würzburg.
1966 *Sorge um den Menschen*, Bd. II, Würzburg.

Aus der Sekundärliteratur seien nur die wichtigsten Werke hervorgehoben: H. U. v. Balthasar: *Reform aus dem Ursprung*, München 1970; U. Berning-Baldeaux: *Person und Bildung im Denken R. G.'s*, Würzburg 1968; D. Höltershinken: *Anthropologische Grundlagen personalistischer Erziehung*, Weinheim 1971; H. Kuhn: *R. G. – Der Mensch und das Werk*, München 1961; H. R. Schlette: *R. G. – Werk und Wirkung*, Bonn 1973; P. Schmidt: *Die pädagogische Relevanz einer anthropologischen Ethik*, Marburg 1972; F. Wechsler: *R. G. als Kerygmatiker*, Paderborn 1973.

# Zeittafel

1885 Romano Guardini wird am 17. Februar in Verona/Italien geboren. – Übersiedlung der Familie Guardini nach Mainz.
1903 Abitur. – Studium der Naturwissenschaft in Tübingen, der Nationalökonomie in München.
1905 Beginn des Studiums der katholischen Theologie in Freiburg. – Erste Auseinandersetzung mit dem Gegensatzproblem.
1910 Priesterweihe. – Domprediger in Mainz und dort Gründung der Jugendgruppe „Juventus".
1915 Dissertation über *Die Lehre des hl. Bonaventura von der Erlösung.*
1917 Erste Veröffentlichung: *Gegensatz und Gegensätze.*
1918 *Vom Geist der Liturgie.*
1920 Ostern zum erstenmal auf „Burg Rothenfels" – Beginn der aktiven Kontakte zum „Quickborn".
1922 Habilitation für Systematische Theologie an der Universität Bonn über *Systembildende Elemente in der Theologie Bonaventuras* (veröffentlicht 1964, Leiden).
1923 Ernennung zum o. Professor für Religionsphilosophie und Katholische Weltanschauung an der Universität Breslau, mit ständiger Abordnung zur Vorlesung an die Universität Berlin.
1932 Beginn der großen Interpretationsreihen mit *Dostojewskij.*
1939 *Welt und Person.* – Zwangspensionierung und Verbot der pädagogischen Arbeit im „Quickborn".
1941 Verbot der Zeitschrift *Die Schildgenossen.*
1945 Wiederaufnahme der Lehrtätigkeit in Tübingen.
1948 Ruf nach München.
1950 *Das Ende der Neuzeit.*
1952 Friedenspreis des Deutschen Buchhandels.
1953 Ernennung zum päpstlichen Hausprälaten.
1954 Ehrendoktor der Freiburger Philosophischen Fakultät.
1956 Ehrenbürger von Verona.
1962 Erasmus-Preis in Brüssel.
1968 Romano Guardini stirbt nach längerer Krankheit in München am 1. Oktober.

# Inhalt

# KÖPFE DES XX. JAHRHUNDERTS

Stefan Andres
Jean Anouilh
Ingeborg Bachmann
Samuel Beckett
Gottfried Benn
Werner Bergengruen
Ernst Bloch
Heinrich Böll
Wernher von Braun
Bert Brecht
Carl J. Burckhardt
Albert Camus
Paul Claudel
Friedrich Dürrenmatt
Albert Einstein
T. S. Eliot
William Faulkner
Sigmund Freud
Max Frisch
Mahatma Gandhi
André Gide
Maxim Gorki
Günter Grass
Romano Guardini
Otto Hahn
Peter Handke
Werner Heisenberg
Ernest Hemingway
Hermann Hesse
Hugo von Hofmannsthal
Eugène Ionesco
Karl Jaspers
Uwe Johnson
James Joyce
Ernst Jünger
C. G. Jung
Erich Kästner
Franz Kafka
John F. Kennedy
Martin Luther King
Käthe Kollwitz
D. H. Lawrence
Siegfried Lenz
Georg Lukács
Wladimir Majakowski
Heinrich Mann
Thomas Mann
Christian Morgenstern
Robert Musil
Eugene O'Neill
José Ortega y Gasset
Pablo Picasso
Ezra Pound
Marcel Proust
E. M. Remarque
Rainer Maria Rilke
Bertrand Russell
Antoine de Saint-Exupéry
Arnold Schönberg
G. B. Shaw
Alexander Solschenizyn
Stauffenberg
John Steinbeck
Igor Strawinsky
Pierre Teilhard de Chardin
Georg Trakl
Martin Walser
Franz Werfel
Tennessee Williams
Thomas Wolfe
Carl Zuckmayer
Stefan Zweig

COLLOQUIUM VERLAG BERLIN